박영석, 세계의 지붕이 된 산사나이

스코프는 책에 관한 아이디어와 원고를 설레는 마음으로 기다리고 있습니다. 책으로 엮기를 원하는 아이디어가 있으신 분은 이메일(bookrose@naver.com)로 간단한 개요와 취지, 연락처 등을 보내주세요. 망설이지 말고 문을 두드리세요. 길이 열릴 것입니다.

박영석, 세계의 지붕이 된 산사나이

초판 1쇄 인쇄 | 2012년 8월 10일
초판 1쇄 발행 | 2012년 8월 14일

지은이 | 이영준
그린이 | 허한우, 임하라

펴낸이 | 박영욱
펴낸곳 | 스코프

경영총괄 | 정희숙
책임편집 | 이상모
기획·진행 | 유나리
편집 | 임은희·주재명·권기우
마케팅 | 최석진
표지 및 본문 디자인 | 최희선
디자인 | 서정희

주 소 | 서울시 마포구 서교동 468-2번지
이메일 | bookrose@naver.com
전 화 | 영업문의 : 02-322-6709 편집문의 : 02-325-5352
팩 스 | 02-3143-3964

출판신고번호 | 제313-2007-000197호
ISBN 978-89-93662-81-8 (73810)

* 「이 도서의 국립중앙도서관 출판시도서목록(CIP)은 e-CIP홈페이지(http://www.nl.go.kr/ecip)와 국가자료공동목록시스템(http://www.nl.go.kr/kolisnet)에서 이용하실 수 있습니다.(CIP제어번호: CIP2012003342)」

* 이 책은 스코프가 저작권자와의 계약에 따라 발행한 것이므로 이 책의 내용의 일부 또는 전부를 이용하려면 반드시 스코프의 서면 동의를 받아야 합니다.
* 책값은 뒤표지에 있습니다.
* 잘못 만들어진 책은 구입하신 서점에서 교환해 드립니다.

누구누구 시리즈 12

박영석, 세계의 지붕이 된 산사나이

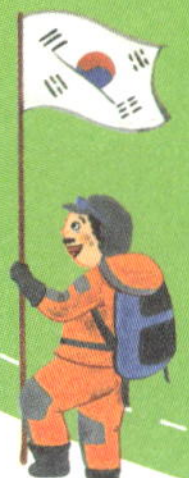

이영준 지음 | 허한우, 임하라 그림

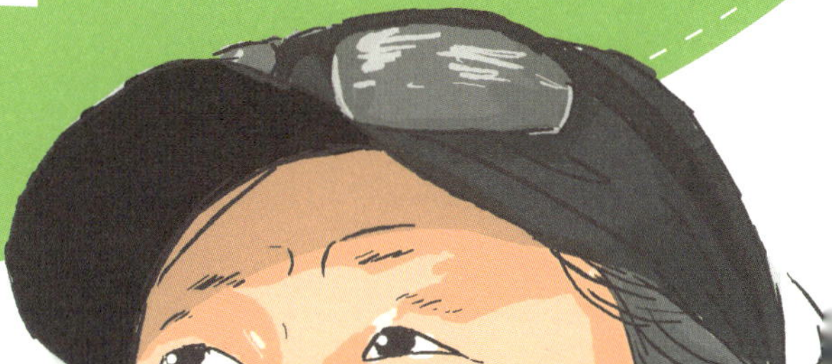

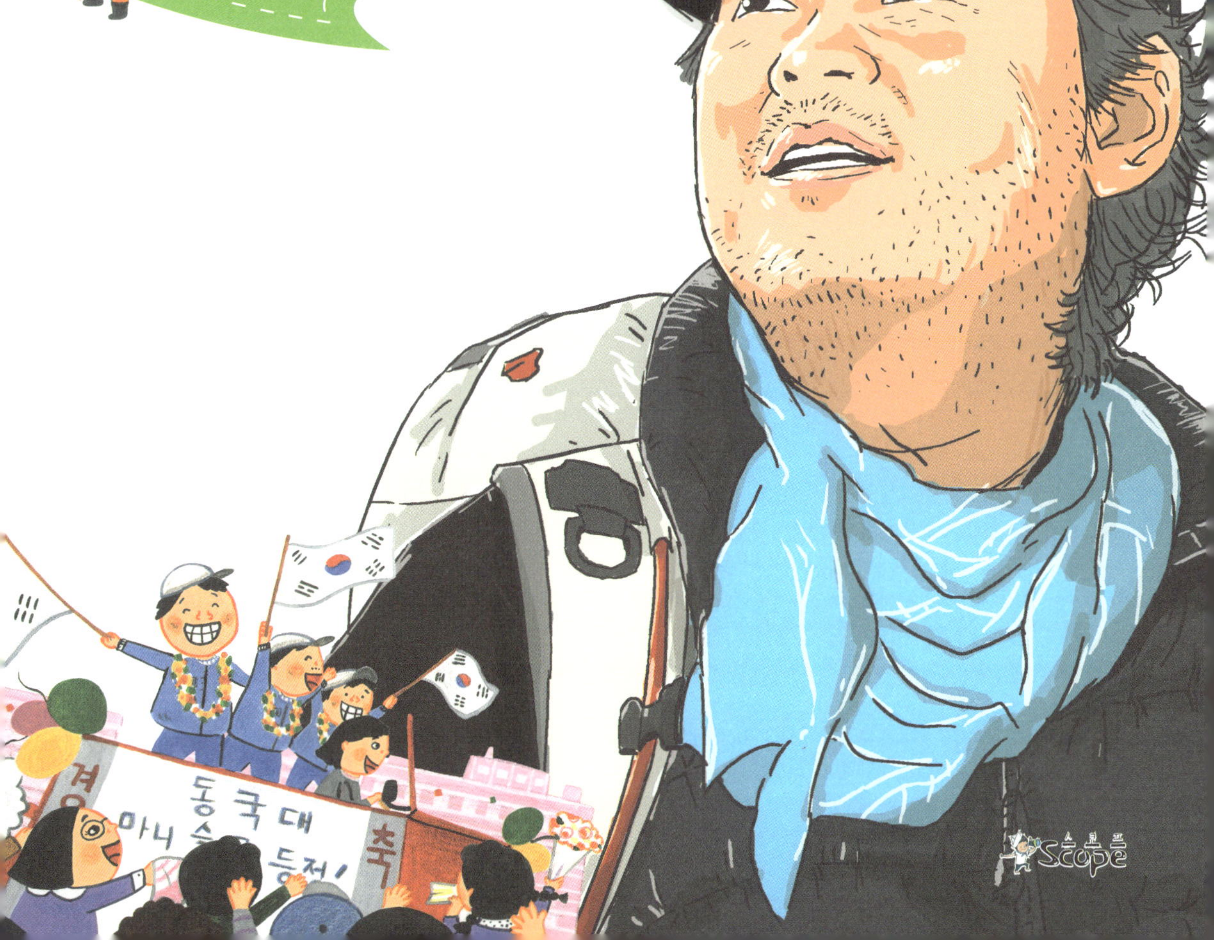

스코프 Scope

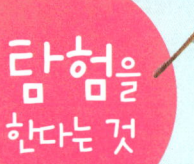

탐험을 한다는 것

여러분은 탐험을 해본 적이 있나요? 한 번도 해본 적이 없다고 한다면 아마 틀린 말일 것입니다. 왜냐면 사람은 누구나 탐험을 하며 살아가고 있기 때문이죠.

인류 최초로 '산악 그랜드 슬램'을 달성한 산악인 박영석 대장은 언제부터 도전을 시작했냐고 묻는 질문에 "걸음마를 처음 떼는 순간이었다"고 말했습니다. 이렇듯 사람은 태어나는 순간부터 매 순간, 모든 것에 도전하며 살게 됩니다.

초등학교 입학식을 하고 학교에 등교하던 첫날이 기억나나요? 한 번도 가본 적이 없는 길을 따라 학교 정문에 들어섰을 때, 낯선 교실을 찾아가 본 적 없는 친구들과 만났을 때, 여러분은 탐험을 하고 있던 것입니다.

그렇습니다. 탐험은 늘 우리 곁에 있으며, 우리는 또한 그 수많은 탐험 속에서 지식과 지혜를 배우고 성장하는 것입니다. 때문에 여러분의 앞에는 탐험하며 살아갈 날들이 앞으로도 무궁무진하게 남아 있습니다.

위대한 탐험가인 박영석 대장도 도전의 3분의 1밖에 성공하지 못했습니다. 나머지 3분의 2는 아무도 기억하지 못하는 실패였습니다. 하지만 박영석 대장이 우리에게 기억되는 건 이런 실패 속에서도 좌절하지 않고 다시 일어섰기 때문입니다.

박영석 대장은 "1퍼센트의 가능성만 있어도 도전한다"고 말했습니다. 여러분의 탐험은 어떤 것일까요. 99퍼센트의 불가능 속에 숨은 1퍼센트를 찾아낸다면, 탐험은 언제든지 시작될 수 있습니다.

자, 함께 박영석 대장의 이야기를 읽으며 자신만의 탐험에 대해 생각해 봅시다.

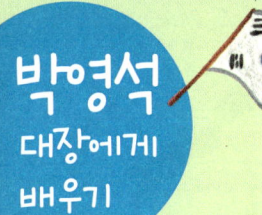

박영석 대장에게 배우기

　등산이란 산에 올라 물질적인 무언가를 얻기 위한 것이 아니라 단지 산에 오르는 그 자체가 목적입니다. 거대한 자연을 묵묵히 탐험하다 보면 사람은 커다란 깨달음을 얻습니다. 그래서 우리는 탐험가들을 존경하게 됩니다. 깨달음을 얻고 그것을 우리에게 전파해주니까요.

　히말라야를 오르는 산악인들은 흔히 '신이 허락해서' 정상에 잠시 다녀올 수 있었다고 말합니다. 이 첨단의 시대 21세기에 산신령님이 사는 것도 아닌데 신이 허락한다니요. 하지만 장엄한 히말라야의 모습을 보고 나면 누구나 그 말에 수긍할 것입니다. 시시각각 변하는 구름과 바람, 동녘에 해가 뜨는 새벽이면 붉게 타올랐다가 다시 은빛으로 눈부시게 반짝이는 눈 덮인 산, 예측할 수 없이 벌어지는 눈사태……. 마치 살아 움직이는 것처럼 느끼게 하는 자연의 조화가 있기 때문입니다.

　산을 '정복'했다고 말하지만 정확히 말하자면 산은 절대로 정복할 수 있는 곳이 아닙니다. 8,850미터나 되는 거대한 에베레

스트를 어찌 채 2미터도 되지 않는 사람이 정복할 수 있을까요?

박영석 대장 또한 히말라야의 높은 봉우리에 선 소감을 물을 때면 "산신이 허락해서 잠시 다녀올 수 있었다"고 말하곤 했습니다. 그래서 산이 주는 첫째 교훈은 바로 '겸손'입니다.

박영석 대장은 세계적으로 손꼽히는 최고의 탐험가로 존경받았지만 한 번도 자신의 이름을 내세워 자랑하거나 거만하게 행동한 적이 없습니다. 많은 사람들이 모이는 장소에는 스스로 가지 않았고, 강연회나 사인회도 열지 않았습니다. 인기를 얻는 것보다는 산을 오르며 내면을 닦고 정신을 수양하는 것이 더 값진 일이라고 생각했기 때문입니다.

우리나라의 산악 역사는 불과 70여 년밖에 되지 않습니다. 등산이 처음 시작된 유럽 알프스의 경우 그 역사가 230여 년에 달하는 것에 비하면 3분의 1 수준입니다.

그러나 이러한 짧은 역사 속에서도 우리나라의 산악인들은 매우 빠르고 다양하게 세계 산악계에 '코리아'의 이름을 알려왔

습니다. 우리나라 산악인이 처음 히말라야로 간 건 1962년의 일입니다. 경희대학교 산악부의 다울라기리 2봉(해발 7,751미터) 원정대가 그 시초인데, 비록 정상에 서지는 못했지만 당시 1인당 국민소득이 지금 아프리카의 극빈국 수준인 87달러(약 10만 원)밖에 되지 않았던 상황에서 미지의 땅 히말라야로 향했다는 건 의지와 노력으로 이루어낸 놀라운 탐험이 아닐 수 없습니다.

 1977년 9월 15일 고상돈 대원이 에베레스트 정상에 서며 우리나라는 세계 7번째로 세계 최고봉에 오른 나라가 되었습니다. 이후 등산 붐이 일며 지금은 8,000미터가 넘는 14개의 봉우리를 모두 오른 사람이 박영석 대장을 시작으로 5명이나 됩니다. 세계적으로도 이렇게 8,000미터급 봉우리를 많이 오른 나라는 우리나라밖에 없습니다.

 우리나라가 산악 강국이 될 수 있었던 건 박영석 대장을 비롯한 수많은 산악인들의 부단한 노력 덕분입니다. 위험과 곤란을

극복하며 끊임없이 도전하고 또 주변의 많은 사람들에게 희망을 심어준 산악인, 탐험가들의 삶은 그래서 더욱 본받을 점이 많습니다.

목차

탐험을 한다는 것   04
박영석 대장에게 배우기   06

1장 나무를 타는 소년

아빠 손을 잡고 본 백운대   14
아문센처럼 되고 싶어   21
나무를 타고, 빙벽을 오르고   24
방심할 수 없는 곳, 산   29
운명의 퍼레이드   34
지식의 창고 산악 그랜드 슬램   38

2장 산을 타기 위해 대학을 가다

산악부를 위해 대학교에 간다고?   42
괴짜들의 집합소, 동국대 산악부   45
아이거 북벽의 영광과 비극   52
가슴 떨리는 첫 히말라야 등반   57
랑탕리 최연소 등반대장   61
지식의 창고 위대한 탐험가들   66

3장 14좌 3극점에 올라서라

고통스러운 추락, 눈사태 … 70
그래도 나는 할 수 있다 … 75
신의 눈높이 에베레스트를 꿈꾸다 … 79
14좌를 넘어 … 84
1%의 가능성만 있으면 된다 … 89
세계 최초 산악 그랜드 슬램 달성 … 93
지식의 창고 에베레스트를 처음 오른 사람은? … 98

4장 한국인의 길을 만들다

다시 한 번 여신의 산에 도전하다 … 102
희준아! 현조야! … 107
사랑하기 벅찬 산이여! … 113
다시 일어나 오르다 … 116
코리안 루트를 개척하다 … 120
최대 난코스 안나푸르나에 도전하라 … 126
불사조, 신의 품에 잠들다 … 130
함께 살아가기를 실천하다 … 135
박영석 대장이 남긴 것 … 139

재미있는 독서활동 … 142

아빠 손을 잡고 본 백운대

"영석아! 얼른 내려오지 못해!"

"왜요 엄마, 전 여기가 좋아요~."

영석이는 초등학교 때부터 나무건 담장이건 가리지 않고 높은 곳에 오르기를 좋아했습니다. 사실 영석이가 높은 곳에 오르기 시작한 건 장난감 때문이었습니다. 딱지나 구슬 같은 장난감을 부모님 몰래 나무 위나 지붕 기와 밑에 숨겨두고, 놀 때마다 그걸 가지러 올라간 것입니다. 여러 번 지붕과 나무를 오르다 보니 이제 어떤 곳이건 다 오를 수 있다는 자신감까지 생겼습니다.

특히 영석이는 노량진 이모 댁에 갈 때를 늘 기다렸습니다.

이모네 집 앞에 있던 커다란 나무는 영석이 사는 동네에 있던 어떤 나무보다도 높아서 오르기 힘들었습니다. 동네 아이들 누구도 그 나무에 오를 엄두를 내지 못했지만, 겁 없는 영석이는 그 높이를 두려워하지 않았습니다. 동화 속 허클베리 핀처럼 누구도 올라오지 못하는 그 나무 위에 작은 아지트도 만들었습니다. 그곳에서 노는 일이 영석이에겐 큰 즐거움이었습니다.

"이 녀석! 하라는 공부는 안 하고! 썩 내려와!"

"아… 아빠……."

급기야 아버지가 달려 나와 꾸지람을 하셔야 영석이는 마지못해 나무에서 내려왔습니다.

"영석아, 높은 곳에 올라가는 게 그렇게도 좋으냐?"

"네, 아빠. 높이 올라가면 땅에서 볼 수 없던 여러 가지를 볼 수 있잖아요."

"그러면 이번 일요일에 아빠랑 북한산에서 제일 높은 백운대에 가자꾸나. 대신 그때까지는 열심히 공부해야 한다."

"네!"

영석이의 첫 등산은 그렇게 시작되었습니다. 영석이의 가족

은 남산 근처에 살았습니다. 그래서 이미 남산은 수도 없이 올라가 보았지만 나지막한 남산(해발* 262미터)에만 오르다가 높이가 세 배가 넘는 북한산 백운대(해발 836미터)에 아버지와 함께 간다는 생각에 영석이는 밤늦도록 잠을 이루지 못했습니다. 밤새 운동화와 배낭을 만지작거리며 태어나서 첫 번째인 산행을 어떻게 해야 할지 즐거운 고민을 했습니다.

　마침내 산행을 약속한 일요일, 아빠와 영석은 배낭에 엄마가 싸주신 도시락과 물통을 넣고 의기양양하게 출발했습니다. 그런데 북한산은 생각처럼 만만한 곳이 아니었습니다. 계곡길을 따라 오를 때까지는 만만해보였던 북한산이었지만, 숨이 깔딱깔딱거린다 해서 붙여진 '깔딱고개'에 이르자 영석은 한 발자국도 움직이지 못할 정도로 힘들었습니다.

　"얼마나 더 가야 정상이에요?"

　"녀석, 아직 반도 못 갔는데? 힘들면 잠시 쉬었다 가자꾸나."

　영석은 아버지와 같이 너른 바위 위에 앉아 시원한 바람을 쐬

---

* 산의 높이를 잴 때는 땅에서부터 재는 것이 아니라 바다의 높이를 기준으로 합니다. 그래서 산의 높이를 말할 때는 해발이라는 말을 사용합니다.

었습니다. 그러다 문득 이런 생각이 들었습니다.

"아빠, 이렇게 힘든데 산에는 왜 올라가요?"

"음…, 글쎄……. 그래! 저 바위를 한번 보려무나."

아빠가 손가락으로 가리킨 방향을 보자 영석의 눈에 거대한 바위가 들어왔습니다. 벼랑의 높이가 무려 200미터에 이를 정도로 거대한 그 바위에 개미처럼 달라붙어 오르는 산악인들의 모습은 영석의 마음을 단박에 사로잡았습니다.

"와아, 저 큰 바위는 뭐예요?"

"인수봉이란다. 아직 아빠도 올라가본 적은 없지만, 전문 산악인들은 인수봉을 오르며 훈련을 한다더구나. 아빠 생각엔 아마도 저 사람들은 바위를 오르는 것을 통해 '도전하고 극복하는 것에서 삶의 기쁨을 느끼는 것'이 아닐까 싶다. 사람은 누구나 자신에게 주어진 자신만의 산을 올라야 한단다. 자신만의 산을 오르며 도전하고, 거기서 행복을 느끼는 것이 곧 삶이지. 영석이도 저 바위에 올라가보고 싶니?"

"네, 아빠! 당장 오르고 싶어요!"

"허허, 녀석……. 조금 더 크면 그때 꼭 올라 보거라. 하지만

인수봉을 오르려면 전문적인 장비도 필요하고 기술도 익혀야 한단다."

영석은 아빠의 말을 전부 이해한 것은 아니었지만 모든 것이 신기했고 '나도 저런 곳을 오를 수 있을까' 라는 생각이 들었습니다.

쉬어 가기를 몇 차례, 쇠로 된 난간을 잡고 기다시피 해서 간신히 오른 정상에는 태극기가 펄럭이고 있었습니다. 북한산 정상 백운대에서 바라보자 주변 모든 것이 발아래에 있었습니다. 시원한 바람을 맞으며 눈을 들어 멀리 보자 서울 시내의 풍경도 보이고, 금빛으로 빛나는 한강의 물줄기도 보였습니다.

"영석아, 정상에 오르니 기분이 어떠냐?"

"힘들었지만 정말 기분이 좋아요."

"정확히 네가 흘린 땀만큼 오를 수 있는 곳이 산이란다. 누구든 공평하게 한 번에 한 걸음씩. 욕심난다고 단번에 두 걸음을 걸어서 산에 오를 순 없지."

"……"

영석이는 지금까지 구슬과 딱지를 들키지 않기 위해 꼼수를

부렸던 자신이 갑자기 부끄러워졌습니다.

"사실 영석이 네가 이곳에 오른 건 오늘이 처음이 아니란다."

"네? 정말요?"

그렇습니다. 영석이는 사실 네 살 때 아빠의 등에 업혀 이곳 백운대를 오른 적이 있었습니다. 그러나 지금 누군가의 도움 없이 스스로 걸어 올랐다는 사실에 영석이의 마음은 매우 뿌듯했습니다.

 아문센처럼 되고 싶어

북한산을 다녀온 후 영석이는 높은 곳에 오르는 일에 더욱 큰 관심을 갖게 되었습니다. 이제 지붕 밑에 몰래 장난감을 감추어 두는 일은 없어졌지만, 영석이는 높은 곳에 올라가는 일 그 자체에 더욱 흥미를 느끼게 되었습니다. 여전히 나무에 오르고, 담장에 매달리면서 놀았고, 주말이면 아빠랑 같이 아직 가보지 못한 산에 올라갈 생각에 부풀곤 했습니다. 이런 모습을 지켜보시던 아빠는 영석이가 4학년이 되던 날 선물을 들고 오셨습니다.

"영석아, 네가 모험을 좋아하니 이 책을 읽어 보렴."

아빠의 선물은 바로 우리나라 최초로 세계 일주를 세 번이나

했던 지리학자 김찬삼 교수님이 쓴 《김찬삼의 세계여행》이라는 책이었습니다.

그때만 해도 우리나라 사람들이 자유롭게 외국에 나가지 못했던 시절이었습니다. 비록 사진이었지만 세계 각국의 풍물과 문화는 어린 영석이의 눈을 휘둥그렇게 만들었습니다. 미국과 유럽의 아름다운 풍경들, 동남아시아의 밀림과 아프리카의 광활한 사막, 히말라야의 눈 덮인 설산의 모습들은 영석이의 마음을 온통 사로잡았습니다.

'그래! 나도 언젠가 저곳 모두에 꼭 가볼 테야!'

영석이는 밤을 새워 책을 읽고 또 읽었습니다. 10권이나 되는 책을 다 읽고 나자 이제 눈을 감으면 머릿속에 세계지도가 그려질 정도가 되었고 지구의 구석구석을 알게 된 것 같았습니다. 그러나 한편으로 또 다른 궁금증이 생겼습니다.

'과연 저런 곳엔 누가 다녀왔을까?'

궁금증은 '탐험가'들을 알게 되면서 점차 풀렸습니다. 북극점을 처음 밟은 피어리, 개썰매를 끌고 남극점에 간 아문센, 우리나라 최초로 에베레스트에 오른 고상돈……. 탐험가들의 위

인전을 한 권씩 읽을 때마다 영석이는 더욱더 그들의 발자국을 따라가 보고 싶어졌습니다.

"얘, 영석아. 그러다 감기 걸린다."
"아니에요 엄마, 전 남극의 추위를 느껴보고 싶어요. 으으으."
영석이는 책에서 본 아문센의 남극 탐험이 어땠는지 궁금했습니다. 그래서 눈이 펑펑 내리던 추운 겨울, 팬티만 입고 창문을 활짝 열어놓고 자곤 했습니다. 창문으로 찬바람이 몰아치고 방 안에 떠다놓은 물이 얼어붙을 지경으로 추워 밤새 덜덜 떨며 한숨도 자지 못했습니다. 그래도 영석이는 이러한 경험이 언젠가 있을 자신의 탐험을 위한 훈련이라고 생각하며 빙그레 웃기까지 했습니다.

나무를 타고, 빙벽을 오르고

영석이가 나무를 타고 담장을 기어오르는 일은 때로 사람들을 깜짝깜짝 놀라게 했습니다. 영석이는 중학생이 되어서도 여전히 높은 곳에 오르고, 가보지 않은 곳들을 찾아가는 것을 좋아했습니다.

어느 날이었습니다. 친구 집에 놀러갔는데, 마침 그 친구의 방이 이층에 있었습니다. 평범한 것을 싫어하던 괴짜 영석이는 초인종을 누르지 않고 담을 넘어 이층의 친구 방 앞까지 올라갔습니다. 시장에서 돌아오시던 친구의 어머니가 이 모습을 보고 깜짝 놀랐습니다.

"도…… 도둑이야!"

"어? 아니에요, 어머니. 저 영석이에요."

"이 녀석아! 대문을 놔두고 담을 넘으면 어떻게 해!"

"흐흐흐, 죄송합니다아~."

다행히 오해가 풀렸지만 영석이가 집으로 돌아간 후 영석이의 친구는 어머니에게 더 혼나야 했습니다. 영석이의 못 말리는 취미 때문에 한바탕 동네가 소란스러웠던 사건은 이뿐만이 아니었습니다.

어느 해 겨울, 영석이는 문득 새로운 곳을 오르고 싶어졌습니다.

'매일 담장이나 나무만 오르는 것은 이제 재미가 없단 말이야…….'

그때 영석이의 눈에 들어온 것이 있었습니다. 바로 동네 개울가로 흘러가는 배수구에서 나온 물이 얼어붙은 거대한 고드름이었습니다.

'그래, 저거야! 히말라야나 남극, 북극도 모두 얼음으로 되어 있으니 미끄러운 얼음을 오를 수 있다면 나도 그곳에 갈 수 있

을 거야!'

　얼음 기둥은 영석에게 새로운 도전의 대상이 되었습니다. 그러나 손잡을 곳도, 발 디딜 곳도 하나 없는 얼음 기둥은 쉽게 오를 수 있는 것이 아니었습니다. 그러던 중 문득 영석에게 아이디어가 하나 떠올랐습니다.

　'그래! 얼음을 파서 발 디딤과 손 디딤을 만들면 오를 수 있어!'

　영석은 집에서 쓰던 낫을 들고와 얼음을 깨기 시작했습니다. 하지만 단단한 얼음 기둥은 어린 영석의 힘으로는 쉽게 구멍이 나지 않았습니다. 해가 질 때까지 반복한 끝에 결국 구멍을 모두 파고 영석은 그곳을 오를 수 있었습니다. 영석이 사용했던 낫은 성인 산악인들이 얼음벽을 오를 때 사용하는 도구인 '피켈'과도 같은 역할을 한 것입니다.

　하지만 줄곧 얼음 기둥을 껴안고 미끄러지기를 반복하던 영석의 옷은 온통 젖은 데다 얼어붙기까지 해 그만 동태처럼 되고 말

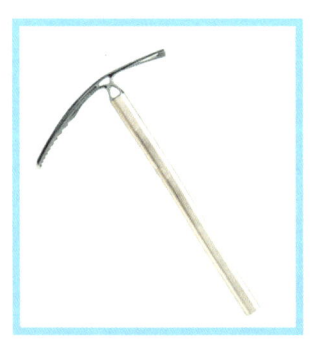

● 얼음 벽을 오를 때 쓰는 도구 피켈

았습니다.

"영석아! 너 또 어디서 무슨 장난을 치다 온 거니?"

영석이의 몰골을 본 엄마는 혀를 끌끌 찼지만 영석은 또 하나의 도전을 이루었다는 생각에 기쁘기만 했습니다.

한 번은 이런 일도 있었습니다. 늘 오르는 것만 생각하던 영석은 문득 내려오는 방법이 궁금해졌습니다. 영석은 탐험가나 산악인들이 굵은 밧줄을 몸에 두르고 있던 모습을 책에서 보았던 기억이 떠올랐습니다.

'내게도 밧줄이 있다면 절벽을 내려가는 연습을 해볼 수 있을 텐데……'

그러나 영석에게는 밧줄을 살 돈이 없었습니다. 결국 영석의 생각이 미친 것은 빨랫줄이었습니다. 영석은 집 옥상에 올라가 엄마가 널어놓은 빨래들을 몰래 걷고 빨랫줄을 몽땅 잘라냈습니다.

'한 줄은 너무 가늘어서 약하지만 여러 겹으로 모으면 튼튼해질 거야.'

의기양양하게 늘어뜨린 빨랫줄에 매달려 영석은 옥상에서 마

당으로 내려왔습니다.

"아니! 영석아! 너 뭐하는 거니! 으이구, 진짜! 내가 못살아!"

그 모습을 본 엄마의 불호령이 떨어진 건 뻔한 일이었습니다. 어쨌든 영석이는 우여곡절 끝에 자신만의 방법들을 터득해가며 보다 어렵고 보다 힘든, 그러나 남들이 보기엔 무모하기만 한 도전들을 계속해 나갔습니다.

# 방심할 수 없는 곳, 산

초등학교 때부터 수영, 태권도, 스케이팅을 배우고 중학교 때는 유도를 배웠던 영석이었지만, 아버지는 영석이가 한 가지 운동에만 매달리는 것은 원치 않았습니다. 그동안 영석이가 초등학교와 중학교를 다니며 여러 운동부를 옮겼던 것도 그런 아버지의 영향이 컸습니다.

그러나 산에 꾸준히 다니는 것만큼은 아버지도 말리지 않았습니다. 그래서 어린 나이지만 영석이는 아버지와 함께 북한산을 비롯해 설악산, 지리산 등 전국의 명산들을 두루 올라보았습니다.

영석은 1979년 서울 용산에 있는 오산고등학교에 진학했습니다. 고등학생이 된 영석은 사격부에 들어가 새로운 스포츠를 배워보기로 했습니다. 어느 날 중학교 때부터 알고 지내오던 후배가 사격부에 들어왔습니다. 후배의 집은 설악산 아래 오색약수터 근처였기에 둘은 설악산을 주제로 많은 이야기를 나누며 금세 친해졌습니다.

"영석이 형, 설악산 정상 대청봉에도 올라가보았어요?"

"음? 아니, 아직 거기는 못 가봤는데?"

"그럼 이번 여름방학 때 저희 집에 놀러오세요. 재워 드릴게요. 그리고 대청봉에 꼭 올라가보세요. 저는 어릴 적부터 고무신만 신고도 몇 번이나 올라가보았다고요."

"그래, 꼭 올라가보자."

영석은 방학이 되면 후배의 집에 꼭 놀러가겠다고 약속을 했고, 드디어 고대하던 여름방학이 되었습니다.

"안녕하세요? 박영석이라고 합니다."

"오, 그래. 산을 좋아한다고 들었다."

말로만 듣던 대청봉이 너무 궁금해 영석은 밤새 한잠도 이루지 못했습니다. 다음 날 새벽, 모두가 잠들어 있는 사이 대청봉으로 향했습니다. 후배네 식구들은 아침에 일어나 보니 영석이가 없어서 깜짝 놀랐습니다.

"아니, 영석이는 어디를 갔다니?"

"글쎄요, 저한텐 어디 간다는 말은 없었는데……. 혹시 대청봉에?"

후배의 부모님은 걱정을 많이 했지만, 후배는 늘 산을 다니던 영석이 형을 믿었기에 큰 걱정은 하지 않았습니다. 영석이 집으로 돌아온 건 아직 점심때도 되지 않아서였습니다. 전문 산악인들도 한나절이 걸리는 대청봉을 영석은 4시간 만에 다녀온 것이었습니다.

"형, 벌써 대청봉에 다녀온 거예요?"

"짜식, 형을 어떻게 보고……. 대청봉에 올라가보니 구름도 많고 바람이 엄청 불더라. 그래도 기왕 올라온 거 잘 보고 싶어서 정상 부근 바위틈에 앉아서 한참을 기다렸지. 구름이 잠시 걷힌 사이에 내려다보이는 설악산은 그야말로 장관이었어."

영석의 산행 실력을 본 후배의 아버지는 다음 날 용소폭포가

있는 산길로 영석을 데려갔습니다. 폭포가 있는 주전골은 설악산에서 그나마 짧은 코스였기에 영석은 가벼운 마음으로 따라 나섰습니다. 그런데 이 산행에서 영석은 중요한 경험을 하게 됩니다.

폭포를 구경하던 아저씨 한 분이 그만 발을 헛디뎌 아래로 추락한 것입니다.

"사람 살려!"

계곡물에 빠진 아저씨를 보고 영석은 주저 없이 웃통을 벗고 물에 뛰어들었습니다. 그러나 장마가 끝난 지 얼마 지나지 않은 계곡은 소용돌이치는 물살이 매우 거세서 아저씨를 쉽게 끌어낼 수 없었습니다. 영석은 한참 동안 거센 물살을 헤치며 물에 빠진 아저씨를 구하기 위해 필사의 노력을 했지만 결국 생명을 구하지는 못했습니다.

여기에 자신마저 기진맥진해 익사할 위기에 처한 영석은 마지막 힘을 다해 바위를 움켜쥐고 물 밖으로 빠져나왔습니다. 천신만고 끝에 살아났지만 영석은 온몸이 덜덜 떨리고 입술이 파래지며 곧 의식을 잃고 말았습니다. '저체온증'에 걸린 것이었습니다. 저체온증에 걸리면 무더운 한여름이라도 목숨이 위험할 수 있습니다. 결국 영석은 출동한 구조대원들에게 실려가 병원에 입원을 해야 했습니다.

  이틀 만에 병상에서 깨어난 영석은 한순간에 눈앞에서 사라져 간 생명을 생각하며 괴로워했습니다. 그때 영석의 손을 잡아주는 소녀가 있었습니다. 바로 후배의 누나 경희였습니다. 경희는 나중에 영석이와 결혼을 하게 됩니다.

 운명의 퍼레이드

　설악산에서 돌아온 후, 영석은 다시 예전과 같은 평범한 학교생활을 계속했습니다. 영석은 아이큐가 140이나 될 정도로 머리가 좋았지만 공부에는 그다지 흥미를 느끼지 못했고, 그저 빨리 주말이 되서 산에 올라가기만을 손꼽아 기다릴 뿐이었습니다.

　그러던 어느 날, 영석은 까까머리에 까만 교복을 입고 서울 시청 앞을 걷고 있었습니다. 그때 갑자기 어디선가 커다란 박수 소리와 함께 사람들의 함성이 들려오기 시작했습니다.

　영석은 호기심에 사람들을 헤치고 시청 광장으로 나아갔습니다. 그곳에는 수염이 덥수룩하고 얼굴은 검게 그을린 사람들이 자동차에 올라 카퍼레이드를 하고 있었습니다. 그들의 맨 앞에는 '동국대학교 마나슬루 등정'이라는 현수막이 커다랗게 걸려 있었고, 사람들의 가슴에는 태극 마크가 달려 있었습니다. 문득 궁금해진 영석은 옆에서 함께 구경하며 박수를 치던 아저씨에게 물었습니다.

"아저씨, 마나슬루가 어떤 곳인데 사람들이 이렇게 축하를 해 주나요?"

목에 카메라를 걸고 있는 것으로 보아 그 아저씨는 신문기자로 보였습니다.

"응, 마나슬루는 히말라야 산맥에 있는 아주 험한 산이란다. 우리나라에서도 세 번이나 그 산에 오르려고 갔지만 눈사태로 여러 명이 희생되었었지. 그런 험한 산에 이렇게 젊은 산악인들이 올랐다고 하니 얼마나 기쁜 일이냐?"

아저씨의 설명을 듣자 순간 영석은 가슴을 뚫고 지나가는 충격을 느꼈습니다.

'그래! 바로 저거야!'

지금까지 별 다른 목표 없이 살아왔던 자신이 앞으로 해야 할

일은 바로 히말라야에 오르는 일이라는 생각이 들었습니다.

　네팔 히말라야에 있는 마나슬루 봉은 해발 8,163미터로 세계에서 여덟 번째로 높은 산입니다. 우리나라에서는 1971년부터 세 차례나 마나슬루 봉에 도전했지만 눈사태를 만나거나 산에서 추락해 여섯 명이나 목숨을 잃었습니다. 그렇게 험난한 산을 대학교 산악부 원정대가 등정했다고 하니, 세계적인 쾌거였던 것입니다.

　'동국대학교 산악부라……'

집으로 돌아오는 영석의 머릿속에는 온통 동국대학교 산악부 생각뿐이었습니다. 책 속에서만 보아왔던 진정한 탐험가와 산악인들을 그곳에 가면 만날 수 있을 거라고 생각했기 때문입니다.

영석의 예상대로 동국대학교 산악부는 1958년에 생겨나 오랜 전통을 가지고 있는 한편, 설악산 천불동 계곡이며 토왕성 폭포 등 우리나라 산의 험난한 계곡과 절벽을 처음으로 오른, 실력 있는 산악인들이 모여 있는 곳이었습니다. 영석은 동국대학교 산악부에 꼭 들어가야겠다고 다짐했습니다.

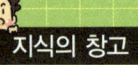

산악 그랜드 슬램

'그랜드 슬램'이라는 말은 원래 테니스, 골프, 야구 등의 스포츠에서 주로 쓰이는 용어입니다. 테니스의 그랜드 슬램은 세계적인 4개 대회인 프랑스, 호주, 영국, 미국 대회에서 한 선수가 한 해에 모두 우승하는 것을 일컫습니다. 골프도 마찬가지로 영국과 미국에서 열리는 4개 대회 타이틀을 모두 획득한 사람에게 '그랜드 슬래머'라는 이름을 붙여줍니다. 야구는 만루 홈런을 쳤을 때 그랜드 슬램이라고 하지요.

보통 탐험과 산악 분야에서 그랜드 슬램이라고 하면 7대륙 최고봉과 남극점·북극점을 밟는 것만을 두고 말하며 이는 '탐험가 그랜드 슬램(explores grand slam)'이나 '모험 그랜드 슬램(adventure grand slam)'이라고 부릅니다.

탐험가 그랜드 슬램을 이룬 사람은 세계에 26명이나 있지만 여기에 8,000미터가 넘는 14개의 봉우리까지 오른 사람은 오직 박영석 대장밖에는 없습니다. 때문에 '산악 그랜드 슬램(mountain grand slam)'이라는 말은 박영석 대장으로부터 생겨난 말입니다.

8,000미터급 14봉은 에베레스트(해발 8,848미터), K2(해발 8,611미터), 캉첸중가(해발 8,586미터) 등 모두 히말라야에 있습니다. 7대륙 최고봉은 아시아(에베레스트), 아프리카(킬리만자로), 유럽(엘브루즈), 북미(매킨리), 오세아니아(코시어스코), 남극 대륙(빈슨매시프) 등에서 가장 높은 봉우리 7개이며, 남극점·북극점은 지구의 자전축인 북위 90도와 남위 90도 지점입니다.

박영석 대장은 1993년 에베레스트를 오른 것을 시작으로 2005년 4월 30일 북극점까지 도달함으로써 세계 최초로 산악 그랜드 슬램을 달성했습니다. 인류의 역사에 길이 남을 위대한 업적을 세계 최초로 대한민국 탐험가가 이룬 것입니다.

 ## 산악부를 위해 대학교를 간다고?

마나슬루 원정대의 카퍼레이드를 보고 집으로 돌아온 영석은 새로운 목표가 생기자 갑자기 공부에 흥미를 가지게 되었습니다. 늘 학교 성적은 바닥을 기고 대학교는 갈 생각도 없었던 영석이 갑자기 책상 앞에 앉아서 공부를 시작하자 가족들은 의아하게 생각했습니다. 어머니는 평소와는 다른 영석을 보고 걱정이 되는지 이렇게 물었습니다.

"영석아, 무슨 일이라도 있었니?"

"어머니, 저 목표가 생겼어요. 동국대학교에 들어갈 거예요!"

"어이구, 우리 아들. 잘 생각했다. 열심히 공부하려무나."

"그럼요! 동국대학교에 가면 산악부에 들어갈 수 있거든요!"

"뭐?"

여전히 엉뚱한 영석의 생각에 어머니는 황당함을 느꼈지만 그래도 책상에 앉아 공부를 하는 영석이 대견했습니다. 그러나 영석은 입학시험에서 동국대학교에 떨어지고 말았습니다. 워낙 기초가 부족한 탓이었습니다.

'포기하지 말고 더욱더 노력하자. 내 목표를 이루기 위해서라면 시험은 열 번이라도 볼 수 있어!'

입학시험에 낙방하고도 오로지 하나, 산악부라는 목표를 포기하지 않고 영석은 재수학원에 다니면서 다시 처음부터 차근차근 공부를 해 나갔습니다. 그렇게 1년을 공부한 후 다시 입학시험을 치른 영석은 떨리는 가슴으로 합격자 발표를 기다렸습니다.

"후우, 어디 보자……. 박…… 영…… 석! 와아!"

사범대 체육교육과 합격자 명단에 영석의 이름이 당당히 올라 있었습니다. 이제 자신의 꿈을 향한 첫 걸음을 떼는 데 성공했다는 생각에 영석은 한껏 가슴이 부풀어 올랐습니다.

"어머니, 저 합격했어요! 제가 동국대학교에 들어가게 되었다고요!"

단숨에 집으로 달려가 부모님께 기쁜 소식을 알린 영석은 입학식까지 남은 시간 동안 더욱더 체력을 키우기 위해 매일같이 산을 올랐습니다.

대학에 입학하자마자 영석이 달려간 곳은 산악부실이었습니다. 오직 산악부에 들어가기 위해 대학교에 갔던 영석에게는 당연한 일이었습니다.

 괴짜들의 집합소, 동국대 산악부

"이봐, 영석이. 배낭이 무겁나?"

"아닙니다! 견딜 수 있습니다!"

산악부의 기강은 엄했습니다. 신입생 영석에게는 그전에는 상상할 수 없던 고된 산행이 기다리고 있었습니다. 배낭에 암벽 등반용 장비, 로프, 텐트, 침낭, 쌀, 반찬, 코펠, 스토브까지 모두 챙겨 넣으면 그 무게는 30킬로그램을 훌쩍 넘었습니다.

그렇게 산악부는 첫 산행을 도봉산으로 떠났습니다. 배낭은 어깨를 짓누르고 땀은 등짝을 적시며 흘렀지만, 오로지 동국대학교 산악부원이 되었다는 사실만으로 영석은 모든 걸 견딜 수

있었습니다.

　토요일 학교 수업을 마치고 출발해 밤늦게 야영장에 도착한 산악부원들은 텐트를 치고 음식을 만들어 신입생 환영 파티를 시작했습니다. 한 사람씩 돌아가며 자기소개를 했는데 영석의 차례가 왔습니다.

　"저는 산악부에 들어오고 싶어서 동국대학교에 왔습니다."

　"뭐? 하하하."

　선배들은 영석의 말이 믿기지 않는지 웃었지만 초롱초롱한 영석의 눈빛에서 산에 오르고 싶은 마음이 얼마나 간절한지 알 수 있었습니다. 신입생 환영식은 새벽까지 계속됐습니다.

　"벌써 먹을 게 다 떨어졌네. 누가 내려가서 뭐 좀 더 사와야겠다."

　"선배님, 제가 내려갔다 오겠습니다."

　영석이 재빨리 손을 들고 일어났습니다. 야영장에서 제일 가까운 가게는 왕복 두 시간 거리에 있었습니다. 영석은 배낭을 둘러메고 올라온 길을 뛰어 내려가기 시작했습니다. 하지만 온몸이 땀으로 흠뻑 젖은 영석이 돌아왔을 때 사람들은 모두 텐트

안으로 들어가 코를 골고 있었습니다. 신입생이 보다 강인해지도록 선배들이 종종 이런 심부름을 시키곤 했습니다.

다음 날 아침에도 신입생들의 일과는 고달팠습니다. 동이 트자마자 일어나 밥을 짓고 설거지를 하고 배낭을 꾸려 암벽까지 구보를 하며 달렸습니다. 그렇게 올라 마주선 곳은 선인봉이었습니다.

도봉산 선인봉은 북한산 인수봉과 함께 서울의 양대 암벽등반지입니다. 선인봉은 경사가 수직에 가까워 오르기가 매우 힘든 곳입니다. 영석은 새로 산 암벽화를 신고 선배들의 지도를 받으며 바위에 붙었습니다.

'그래, 조금만 더 힘을 내면 잡을 수 있어.'

안간힘을 써가며 한 발짝씩 선인봉을 오른 영석은 무릎과 손등이 다 까지고 온몸이 땀에 전 끝에 정상에 설 수 있었습니다. 한순간 피로가 몰려오는 듯 했지만, 그것보다도 어린 시절 꿈으로만 여겨왔던 암벽에 스스로의 힘으로 올랐다는 사실에 영석은 한없는 기쁨을 느꼈습니다.

"녀석, 잘하는데?"

선배의 한마디 격려가 영석의 이런 마음에 더욱 큰 보탬이 되었습니다.

영석은 마치 물을 만난 물고기와도 같이 산악부 생활을 즐겼습니다. 영석은 전공이 산악부고 본래 전공인 체육교육과는 취미라고 할 만큼 오로지 산악부를 중심으로 대학생활을 했습니다. 학교에 등교하면 가장 먼저 산악부실부터 들렀고, 수업이 끝나면 또 곧장 산악부실로 가 주말 산행에서 사용할 장비들을 정리하고 등반 코스에 대해 연구하는 것이 영석의 일과였습니다.

영석이 고참이 된 2학년 겨울방학 때, 산악부원들은 설악산으로 동계 훈련을 떠났습니다. 여름에 비해 장비와 식량도 훨씬 많고, 깊이 쌓인 눈과 얼음 때문에 훨씬 많은 기술과 체력이 필요한 겨울 등반은 더 높은 산으로 가기 위해 꼭 거쳐야 하는 과정이었습니다.

산행을 마친 부원들은 잠을 잘 텐트를 치기 시작했습니다. 겨울산은 눈이 깊기 때문에 텐트를 치기 전에 눈을 발로 밟아 단단히 다져야 합니다. 눈 밟기를 잘하지 않으면 자는 사이 바닥

에 있는 눈이 체온에 녹아 지면이 울퉁불퉁해져 매우 불편하기 때문입니다.

또 언제 눈사태가 일어날지 모르니 잠자리는 늘 안전한 곳에 마련해야 합니다. 경사진 곳이라면 눈 밟기로 땅을 평평하게 만드는 것도 만일의 사태에 대비하기 위한 것입니다. 때문에 부원들은 어깨동무를 하고 영차 영차 구령에 맞추어 눈 밟기를 하곤 합니다. 하루 종일 산악 훈련에 고생하고 기운이 하나도 없지만 이것만 마치면 비로소 휴식시간이라는 생각에 모두 기쁜 마음으로 눈을 밟았습니다.

이미 어둠이 짙게 깔린 가운데 텐트를 친 부원들은 드디어 기다리고 기다리던 저녁식사를 준비했습니다. 훈련을 마치고 나면 그야말로 뱃가죽이 등에 붙을 정도로 배가 고팠습니다. 식사시간은 고된 하루의 훈련 중 잠깐 동안 찾아오는 천국이었기에 모든 부원들은 매번 그 시간만을 손꼽아 기다렸습니다.

반찬은 오로지 김치찌개 하나였습니다. 부원들은 찌개가 보글보글 끓기만을 바라보며 영석의 "식사 개시!" 구령을 기다렸습니다. 그때 갑자기 어디에서 날아온 것인지 땀에 찌들어 고약한

냄새를 풍기는 양말 한 켤레가 찌개 안으로 '풍덩' 빠졌습니다.

"누구야!"

"제, 제건데요……."

영석은 어처구니없는 상황이 벌어진 것을 보며 벌컥 고함을 질렀습니다. 범인은 이제 막 신입생으로 들어온 후배였습니다. 양말을 벗다 실수로 놓쳐 찌개까지 날아간 것이었습니다.

그런데 더욱 어처구니없는 일이 벌여졌습니다. 영석의 호통에 놀란 후배가 찌개에서 양말을 건져내며 국물을 쭉 짜낸 것입니다. 찌개만을 바라보고 있던 부원들은 경악했고, 후배는 그제야 자신이 무슨 일을 했는지 깨닫고는 겁에 질려 바들바들 떨었습니다. 영석은 결단을 내려야 했습니다.

"더 끓여 살균한다!"

그날 산악부원들은 평소보다 약간 더 구수한 그 김치찌개를 먹으며 평생 잊을 수 없는 맛을 느꼈습니다.

여름이 되었습니다. 한여름 설악산에서 땀을 뻘뻘 흘리고 내려온 산악부원들은 너무나도 목이 말랐습니다. 마침 수박장사

가 와 있었기에 부원들은 주머닛돈을 털어 수박을 사먹기로 했습니다. 하지만 십여 명이 넘는 모두의 돈을 모아도 가장 작은 수박 한 통을 살 돈밖에는 나오지 않았습니다. 결국 열 조각으로 쪼갠 수박은 어떻게 먹었는지 알 수 없을 정도로 사라졌고 서로 입맛만 다셔야 했습니다.

   영석은 먹고 남은 수박껍질을 버리기 위해 쓰레기통으로 향했습니다. 그런데 막상 수박 껍질을 버리려고 하니 조금씩 남아 있는 빨간 과육이 너무나 아까웠습니다. 영석은 쓰레기통 앞에 앉아 그 수박껍질들을 갉아먹기 시작했습니다.

   한참을 우걱우걱 먹다가, 영석은 문득 주변을 지나는 아주머니들이 자신을 이상하게 쳐다본다는 것을 느꼈습니다. 며칠째 땀에 찌든 옷을 입고 냄새까지 나는 몰골은 그야말로 거지가 따로 없었던 것입니다.

   영석의 모습을 본 아주머니들은 혀를 끌끌 차며 떡 한 보따리를 안겨주었습니다. 떡을 들고 부원들에게 돌아간 영석은 진정한 능력자로 인정을 받았습니다.

 아이거 북벽의 영광과 비극

　1985년 겨울, 동국대 산악부에서는 일본 북알프스 원정을 계획했습니다. 이미 마나슬루 등정을 통해 동국대 산악부의 위상은 우리나라에 널리 알려져 있었지만, 뒤이어 들어온 후배들도 선배들의 이런 전통을 이어가기 위해 나름대로 새로운 시도를 하려 한 것입니다.

　풍경이 마치 유럽 알프스와 비슷하다고 해서 이름 붙은 일본 북알프스는 높이 2,000~3,000미터로 그리 높지는 않지만, 겨울이면 '세계 최고의 눈과 바람'이라고 할 만큼 혹독한 조건으로 변하는 험한 산입니다.

섬나라 일본은 대표적인 해양성 기후를 띠고 있는데, 겨울이면 시베리아에서 불어오는 차가운 북서풍이 동해바다를 거치며 수분을 공급받아 많은 구름을 생성하게 되고, 이것이 일본을 남북으로 가로지르는 산맥인 북알프스에 부딪치며 많은 눈을 뿌립니다. 북알프스에 쌓이는 눈은 평균 10미터 안팎으로 매년 9월이면 첫눈이 내려 이듬해 6월까지 녹지 않습니다. 때문에 많은 산악인들이 히말라야로 떠나기 전 훈련 삼아 일본 북알프스를 찾곤 합니다.

영석은 영하 30도의 혹한과 산장 지붕만 보일 정도로 쌓인 폭설을 뚫고 성공적으로 첫 해외 등반을 마쳤습니다. 만년설산에서 자신감을 얻은 영석은 1988년, 동국대 산악부에서 꾸린 유럽 알프스 원정에 참가했습니다. 산악부 대원들이 목표로 한 곳은 아이거 북벽이었습니다.

● 험난한 아이거 북벽

지구상의 어느 곳보다도 아름다운 풍경을 자랑하지만, 정작 아이거 북벽은 처음 정상에 사람이 선 1938년까지 수많은 산악인들이 목숨을 잃어 '죽음의 벽'이라 불렸습니다. 당시만 해도 우리나라에서 아이거 북벽을 오른 사람은 채 10명이 되지 않았습니다.

"야~ 사진에서만 보던 알프스에 오니 정말 신나는구나."

"선배도 그렇죠? 저도 당장 저 아이거 북벽을 오르고 싶어요!"

영석은 함께 온 부원 중 두 살 많던 허종행 선배와 함께 팀을 이루어 아이거 북벽을 오르기 시작했습니다. 허종행 선배는 영석에게 때론 엄했지만 여러 가지 등반 기술들을 알려주며 산으로 이끌었던, 친형보다도 가까운 사이였습니다.

그런데 불운은 동국대 산악부도 비켜가지 않았습니다. 순조롭게 등반을 이어가던 중 허종행 선배가 '신들의 트래버스'라는 곳에서 추락한 것입니다. '트래버스'란 절벽을 위로 오르는 것이 아닌, 옆으로 가로지르는 구간을 말합니다. '신들의 트래버스'라는 이름은 이곳을 처음 올랐던 산악인들이 거대한 절벽을

가로지르며 마치 신들의 세계에 들어온 것 같다고 느껴서 붙은 이름입니다. 그곳에서 한순간의 실수로 추락한 선배를 보며 영석은 커다란 슬픔에 빠졌습니다.

"영석아, 선배의 희생을 헛되이 하지 않게 하기 위해 우리가 저 산을 오르자."

함께 알프스에 왔던 산악부 동기들은 슬픔을 억누르며 영석의 어깨를 다독였습니다. 원정기간 중 선배의 장례식을 치른 대원들은 포기하지 않고 계속 등반을 이어나가 결국 아이거 북벽의 정상에 설 수 있었습니다.

한국으로 돌아오는 비행기 안에서 영석의 두 뺨엔 한없이 눈물이 흘러내렸습니다. 그것은 가족 같던 선배를 잃은 슬픔의 눈물이요, 어려운 등반 끝에 정상에 선 영광의 눈물이기도 했습니다. 영석은 그동안 힘들었던 등반과정들이 줄곧 머릿속에 떠올랐습니다.

 가슴 떨리는 첫 히말라야 등반

일본 북알프스와 유럽 알프스를 두루 경험한 영석에게 이제 남은 곳은 히말라야였습니다. 진심으로 바라고 또 바라면 길이 열린다 하지 않았던가요. 드디어 영석에게도 기회가 찾아왔습니다. 동국대학교 산악부 오인환 선배가 영석에게 함께 히말라야에 갈 것을 제의한 것입니다. 군대를 다녀와 3학년으로 복학한 1989년 봄, 선배는 영석을 불러 이야기했습니다.

"영석아, 히말라야에 가보고 싶으냐?"

"네, 선배님! 저는 그동안 오로지 히말라야를 목표로 산에 다녔습니다!"

"좋다. 그럼 함께 가자. 하지만 원정대원은 너와 나 둘뿐이다."

그렇게 영석의 첫 히말라야 등반이 시작되었습니다. 오인환 선배가 오르고자 계획을 짠 봉우리는 6,427미터의 랑시샤리 1봉이었습니다. 원정대라곤 오인환 선배와 영석 단 두 사람뿐이라 선배는 원정비용을 마련하러 다니고, 영석은 혼자 식량, 장비, 행정 등 모든 준비를 했습니다.

동대문 장비점을 돌아다니며 등반장비를 사 모으고, 원정등반 중 먹을 각종 통조림과 물만 부으면 밥이 되는 '알파미'도 준비했습니다. 그렇게 힘들게 준비한 끝에 영석은 드디어 김포공항에서 비행기에 오를 수 있었습니다.

"아, 여기가 히말라야로구나!"

비행기 창밖으로 보이는 눈 덮인 하얀 산들은 영석의 마음을 설레게 했습니다. 히말라야는 자그마치 2,400킬로미터나 길게 뻗어 있는 거대한 산맥이었습니다. 단숨에 저 산을 오르고 싶었던 영석은 네팔에 도착해 셰르파와 포터들을 모았습니다.

셰르파는 본래 히말라야에 사는 고산 부족을 뜻하는 말이었습니다. 그 부족 사람들이 히말라야 지리에 밝아 등반자들을 정상까지 안내하는 역할을 주로 했는데, 이 이름이 널리 퍼져 히말라야에서는 보통 산행 안내자를 '셰르파'로 부르곤 합니다.

  포터는 등반에 필요한 각종 짐들을 등반이 시작되는 베이스캠프로 운반해주는 짐꾼입니다. 이들은 한 사람당 30킬로그램의 짐을 지고 천천히 원정대의 뒤를 따릅니다. 이렇게 베이스캠프까지 가는 길은 짧게는 3~4일, 길게는 한 달이 걸릴 정도로 긴 여정입니다. 그 모습이 마치 옛날 낙타 떼를 끌고 실크로드를 건너던 상인들의 모습과도 같다고 하여 이 과정을 '카라반'이라고 합니다.

  이미 일본 북알프스와 알프스 아이거 북벽에서 탄탄히 훈련을 마친 영석에게 히말라야는 그리 힘든 곳이 아니었습니다. 베이스캠프에 도착한 영석의 원정대는 텐트를 치고 곧바로 정상으로 향했습니다. 원정대원은 단 둘이었기에 오인환 선배는 베이스캠프에 남아 영석의 등반 모습을 지켜보며 지원하기로 했습니다. 축구나 야구에 감독이 있고 선수가 있듯, 오인환 선배는 감독의 역할을, 영석은 선수의 역할을 하기로 한 것입니다. 영석은 셰르파들과 함께 단숨에 정상에 올라 베이스캠프로 무

전을 보냈습니다.

"선배님, 여기가 정상입니다!"

"그래, 수고했다……. 그런데 영석아……, 그 산이 아닌 것 같구나……."

"예? 그게 무슨 말씀이신가요?"

영석이 오른 산은 원정대가 목표로 했던 랑시샤리 1봉이 아닌 바로 옆 랑시샤리 2봉이었던 것입니다. 영석은 곧바로 베이스캠프로 내려와 다시 1봉에 도전했습니다.

"헉헉, 이제 10미터만 더……. 와아~ 정상이다!"

"축하한다! 영석아!"

영석은 첫 히말라야 원정등반에서 한 번에 두 개의 봉우리를 등정하는 쾌거를 이룬 것입니다. 실수 때문에 생긴 일이기는 했지만, 히말라야 등반에 대한 경험을 더욱더 쌓게 되었으니 '전화위복'이라고 해도 될 만한 일이었습니다. 영석은 여기에 그치지 않고 기왕 히말라야에 간 김에 다음에 오를 봉우리를 미리 둘러보고 돌아왔습니다. 어렵게 떠났지만 소중한 경험으로 남았습니다.

 랑탕리 최연소 원정 대장

한국으로 돌아온 영석은 다음 히말라야 등반 계획에 골몰했습니다. 한 번의 경험을 바탕으로 영석이 계획했던 건 바로 자신이 대장이 되어 팀을 이끄는 것이었습니다. 영석이 오르고자 한 곳은 7,239미터의 랑탕리라는 산으로, 겨울에 등반을 한다는 목표를 세웠습니다.

히말라야는 해발고도가 매우 높습니다. 7,000미터를 넘어서면 한여름에도 영하 10도 아래로 기온이 떨어질 정도로 춥습니다. 겨울에는 영하 30~40도까지도 내려가는데, 때문에 그때까지 겨울에 히말라야를 오르는 산악인은 없었습니다.

또한 겨울에는 '제트기류'라고 하는 강한 바람이 히말라야 산맥을 넘어 불어옵니다. 이 바람의 속도는 시속 100킬로미터를 넘을 정도로 매우 빠릅니다. 그 한가운데에 서면 사람을 날려버릴 정도로 강력하고 위험합니다.

추위와 바람, 이 두 가지가 히말라야를 겨울에 오를 때 넘어야만 하는 장벽이었습니다. 때문에 최초로 겨울 히말라야에 오르는 '동계 초등'은 그만큼 어렵고 힘든 일이기도 했습니다. 하지만 이런 난관이 영석에게는 새로운 도전의 대상이었습니다.

"선배님, 이번에 후배들과 랑탕리 동계 초등에 도전하고 싶습니다."

"음……. 너무 무리하는 것 아니냐?"

영석의 계획을 들은 동국대 산악부 선배들은 쉽게 결정을 내리지 못했습니다. 영석의 나이가 아직 스물여섯밖에 되지 않은 데다 함께 가려고 하는 후배 대원들도 히말라야 등반 경험이 전혀 없었기 때문입니다.

"영석아, 뜻이 있는 곳에 길이 있다. 내가 도와줄 테니 선배들을 설득해 보자꾸나."

의기소침해 있는 영석에게 손을 내민 건 바로 이인정 선배였습니다. 이인정 선배는 영석이 시청 광장에서 본 카퍼레이드, 그러니까 '동국대 마나슬루 원정대'의 대장이었습니다. 영석에게는 영웅과도 같은 사람이었지요.

이인정 선배와 함께 산악부 선배들을 한 사람 한 사람 모두 만나 영석의 계획과 뜻을 설명한 끝에 결국 랑탕리 원정대를 위한 산악부 임시 회의를 소집할 수 있었습니다.

"자, 그럼 투표 결과를 발표하겠습니다. 결과는 7대 6으로 원정대를 파견하기로 했습니다!"

"와아~! 감사합니다. 감사합니다!"

"영석아, 대신 안전하게 등반을 마치고 건강히 돌아와야 한다."

"네, 선배님!"

훗날 여러 산악연맹에서 일하게 되는 이인정 선배는 이 일을 계기로 영석이 산에 갈 때마다 큰 도움을 주었습니다.

영석의 원정대는 선배들에게 승낙을 받기는 했지만 준비가 많이 부족했습니다. 원정비용이 모자라 대원들은 네팔까지 가는 항공권만 끊었고, 돌아올 항공권은 원정을 끝내고 남은 장비

와 이것저것을 팔아 마련하기로 했습니다.

　네팔의 수도 카트만두에서는 선배가 운영하던 숙소 '빌라 에베레스트'에서 신세를 졌습니다. 빌라 에베레스트에는 이곳저곳에서 왔던 원정대들이 버리고 간 박스들이 많았는데, 영석의 팀은 헌 박스들을 이용해 짐을 꾸렸습니다.

　"이야~ 완전히 '자투리 원정대'로구나! 하하하!"

　테이프로 칭칭 감아놓은 헌 박스들을 보고 사람들이 '자투리 원정대'라고 부를 만큼 영석이 꾸린 팀은 초라했습니다. 하지만 그들의 의지와 능력까지 초라한 것은 아니었습니다. 베이스캠프에 도착한 박영석 대장은 대원들에게 말했습니다.

　"우리는 식량도 부족하고 돈도 부족하다. 우리가 무사히 돌아가려면 등반을 빨리 끝내는 수밖에 없다. 자신 있나?"

　"예! 우리는 할 수 있습니다!"

　의기투합한 대원들은 단 9일 만에 등반 코스를 개척해 등정에 성공했습니다. 보통 히말라야 등반은 최소한 한두 달이 걸리는 일인데, 이를 9일 만에 올랐다는 건 그야말로 속전속결이라고 할 수 있습니다.

더군다나 대장이었던 영석을 빼곤 모두 히말라야라는 큰 산에 처음 온 대원들이었는데도 손끝 하나 다친 데 없이 건강하게 등반에 성공하고 돌아왔습니다. 이는 우리나라뿐 아니라 세계적으로도 유래를 찾아보기 힘든 일이었습니다. 이른바 '헝그리 정신'으로 도전한 끝에 이룬 랑탕리 동계 초등인 것입니다.

이제 사람들은 영석을 보며 '대장'이라고 부르는 데 주저하지 않았습니다. 최연소 원정대장 박영석이라고 말입니다.

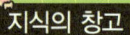

위대한 탐험가들

탐험의 역사는 곧 인류의 역사라고 합니다. 원시인들이 사냥감을 구하기 위해 보다 먼 숲으로 나아갔던 것 또한 탐험이라고 볼 수 있기 때문입니다.

서양에서는 마르코폴로가 세계일주를 하고 콜럼버스가 미대륙을 발견하자 탐험에 관심을 갖기 시작했습니다.

서양뿐 아니라 이미 동양에서도 수많은 탐험가들이 활약을 해 왔으며, 우리나라에도 훌륭한 탐험가들이 있었습니다.

대표적인 인물로 혜초 스님과 고선지 장군을 들 수 있습니다. 신라시대인 서기 704년에 태어난 혜초 스님은 홀몸으로 실크로드를 따라 중국을 가로질러 인도를 여행하고 카슈미르, 아프가니스탄과 중앙아시아 일대까지 답사를 했습니다. 이때 남긴 여행기가 바로 《왕오천축국전》으로, 당시 우리나라에 알려지지 않았던 중앙아시아 사람들의 일상과 풍습이 자세하게 기록돼 있습니다.

고선지 장군은 당나라의 장수로 알려져 있지만, 본래 고구려 왕족의 후손이었습니다. 고구려가 당나라에 망한 뒤 출중한 무예를 인정받아 등용된 고선지 장군은 서기 741년 해발 5,000~6,000미터나 되는 텐산산맥을 따라 군대를 이끌고 나아가 당시 당나라에 저항하던 이민족들을 무찔렀습니다.

또 747년에는 파미르 고원과 힌두쿠시 등 히말라야 줄기의 산맥들을 넘어 '세계의 지붕'이라고 불리는 티베트 고원으로 원정을 가기도 했습니다. 고선지 장군은 이후 지금의 파키스탄, 우즈베키스탄, 키르기즈스탄까지 발을 뻗쳐 당시 최고의 무사로 이름을 떨쳤습니다.

한국인의 기상이 이미 1300년 전에 이렇게 넓은 곳까지 뻗어 있었다니, 놀라운 일이지요?

고통스러운 추락, 눈사태

"앗, 아악!"

"박영석 대원! 응답하라! 박영석 대원!"

에베레스트 남서벽 7,000미터 지점, 뒤따라 오르던 셰르파가 실수로 로프를 잡아당기는 바람에 같은 로프에 묶여있던 영석은 자그마치 100여 미터를 추락했습니다. 영석이 추락하는 모습을 본 셰르파는 장갑 속의 손이 타들어가는 고통 속에서도 로프를 잡고 놓지 않아 다행히 얼음 사이의 깊은 틈새인 크레바스 속으로 완전히 떨어지지는 않았습니다. 그러나 추락으로 의식을 잃은 영석은 한동안 절벽에 대롱대롱 매달려 구조대가 오기를 기다릴 수밖에 없었습니다.

'내가 여기서 이대로 죽는 건가…….'

영석의 의식은 점차 희미해져갔습니다.

1991년 영석은 세계 최고봉인 에베레스트 원정대에 선발되었습니다. 지금까지 랑시샤리 1, 2봉과 랑탕리 동계 초등 등을 한 경험이 있었기 때문에 대원에 선발된 것입니다.

하지만 에베레스트는 영석이 전에 올랐던 산들과는 전혀 다른 어려운 산이었습니다. 게다가 영석 일행이 오르는 남서벽은 그중 가장 어려운 길이었습니다. 에베레스트는 모든 산악인들에게 궁극의 목표라고 해도 과언이 아닙니다. 때문에 이번 원정대는 지금까지 히말라야 등반에 성공한 기라성 같은 선배들이 함께 했습니다.

출국 전부터 에베레스트에 대한 기대로 잠을 못 이루던 영석은 네팔에 도착해 베이스캠프를 설치하자마자 언제나 그랬던 것처럼 먼저 선두에 서서 고정로프를 설치하기 시작했습니다.

고정로프는 크레바스를 건너거나 만일에 있을지 모르는 추락

이나 눈사태로부터 동반자를 안전하게 보호해주는 장치입니다. 히말라야와 같은 큰 산은 위험한 구간에 '고정로프'를 설치하고 하루 동안 오를 수 있는 거리마다 캠프를 만듭니다. 정상에 이르기까지 중간 중간 설치하는 캠프는 체력을 분배하고 하산 중 휴식을 취하기 위해서 꼭 필요합니다. 가장 아래쪽 안전한 곳에 설치하는 캠프를 베이스캠프라고 하고, 정상까지 1캠프, 2캠프와 같은 식으로 숫자를 붙여 나갑니다. 에베레스트 남서벽과 같이 매우 어려운 코스는 5캠프까지 설치하기도 합니다.

이틀이 걸릴 것으로 예상했던 2캠프에서 3캠프까지의 가파른 암벽 구간을 한나절 만에 모두 오른 영석은 자신감이 붙어 계속 위쪽으로 등반을 하고 있던 상황이었습니다. 그때 사고가 일어난 것입니다.

천신만고 끝에 대원들은 영석을 구조해 2캠프로 내려왔고, 마침 베이스캠프에 있던 미국 원정대의 의사 선생님도 2캠프까지 올라왔습니다. 그러나 의사 선생님은 영석의 상태를 보곤 고개를 가로저었습니다. 얼굴을 심하게 다쳐 큰 수술을 해야 했기 때문입니다. 결국 해발 6,500미터에서 응급처치가 시작되었습

니다. 마취제도 없이 칼과 바늘만으로 상처를 꿰매는 것이었지만 영석은 이를 악물고 견뎌냈습니다.

이튿날, 전 대원들이 영석을 들것에 싣고 베이스캠프로 옮겼습니다. 영석은 들것이 조금만 덜컹이면 몸이 부서질 듯 아파서 소리를 쳤습니다. 베이스캠프에 도착 후 헬기를 이용해 영석은 다시 네팔의 수도 카트만두의 병원으로 옮겨졌습니다. 카트만두 병원에서 다시 한 번 수술을 마친 영석은 며칠간 마취에서 깨어나지 못하고 긴 잠에 빠졌습니다.

긴긴 꿈속에서 영석이 본 건 무엇이었을까요? 아마도 에베레스트를 오르고 있는 자신을 본 것은 아니었을까요? 마취에서 깨어난 영석의 눈앞에 처음 비친 건 병실 안에 걸려 있던 에베레스트의 사진이었습니다. 영석은 마치 신들린 사람처럼 다시 산으로 돌아가야 한다고 중얼거렸습니다.

"나는 산을 오르고 있었어! 에베레스트 남서벽! 거기에 다시 가야 해!"

 ## 그래도 나는 할 수 있다

얼굴뿐 아니라 팔다리가 부러져 어느 한 곳 성하지 않았던 영석은 휠체어를 타고 귀국할 수밖에 없었습니다. 김포공항에 내린 영석의 앞엔 가족과 친구들이 서 있었습니다. 영석의 사고 소식은 이미 텔레비전을 통해 한국에도 전해졌습니다.

"아이고 영석아, 이게 무슨 일이냐……."

어머니는 한없이 흐느끼며 붕대로 칭칭 감은 영석의 얼굴을 껴안았습니다. 친구들도 따라 울기는 마찬가지였습니다. 에베레스트에서 추락 사고를 겪고도 여기까지 살아 돌아왔다는 것 자체로 이미 기적이었지만, 영석의 모습은 어디 한 곳 성하지

않아 중환자나 다름없었습니다.

"영석아, 이제 위험한 산은 그만 다니는 것이 어떠니."

"……."

영석은 어머니의 눈물 앞에서 아무 말도 할 수 없었습니다. 그러나 그 침묵이 곧 포기를 의미하는 것은 아니었습니다.

영석은 병원에서부터 조용히 다음을 준비했습니다. 여기 저기 부러졌던 몸을 추스르고 재활하는 데도 오랜 시간이 걸렸습니다.

'이 정도 고통으로 포기할 거라면 처음부터 시작하지도 않았다.'

움직이기조차 힘들었던 몸은 시간이 지나며 차츰 다시 예전의 모습으로 돌아갔습니다. 처음에 그랬던 것처럼, 영석은 집을 나와 남산을 오르고 북한산을 올랐습니다. 8,000미터 봉에서의 추락은 영석을 바닥에까지 내려오게 했지만, 처음부터 다시 시작하기로 했습니다.

영석은 지난날의 기억들을 떠올렸습니다. 나무와 지붕에 오르고 얼음 기둥에서 한참을 버둥거렸던 어린 시절, 설악산에서

물에 빠진 사람을 구하기 위해 뛰어들고 결국 자신도 조난당할 뻔한 일, 아이거 북벽에서 선배의 죽음을 목격했던 일, 하지만 그런 어려움 속에서도 영석은 포기한 적이 없었습니다.

'그래, 지금 당장은 높은 산이 아니라도 좋다. 한발 한발 내 안의 산을 넘어서자.'

낮은 산 쉬운 길부터 시작해 차츰 높은 산 험한 길로, 영석의 아버지가 말씀하셨던 것처럼 '누구나 한 번에 두 발자국을 오를 수 없듯' 영석은 천천히 그리고 조금씩 자신의 목표를 향해 움직였습니다.

다시 집 근처 남산에서 북한산으로, 지리산에서 설악산으로 조금씩 고도를 높이며 산을 오르길 6개월, 영석에게 다시 에베레스트로 향할 기회가 찾아왔습니다. 이번엔 영하 40도는 예사인 혹독한 겨울 에베레스트였습니다. 영석이 다쳤을 때 누구보다도 걱정했던 이인정 선배는 영석의 이런 모습과 의지를 보고 동국산악회에서 꾸린 원정대에 영석을 합류시켰습니다. 다시 '대장'의 이름을 달게 된 것입니다.

초등학생의 몸무게인 30킬로그램이나 되는 무거운 버너가 축

● 세계에서 가장 높은 산 에베레스트

구공처럼 막 날아다니는 에베레스트의 강풍 속에서 원정대는 사투를 벌였습니다. 박영석 대장은 이를 악물고 8,700미터 지점을 넘어섰습니다. 그러나 정상을 불과 180미터 남겨둔 곳에서 돌아서야 했습니다. 박영석 대장에게는 정상까지 올라갈 의지와 체력이 충분했지만 함께 오르던 셰르파가 매서운 바람과 추위에 지쳐 쓰러지기 직전이었습니다. 결국 박영석 대장은 탈진한 셰르파의 안정을 위해 산을 내려와야 했습니다.

　박영석 대장이 도전한 14개의 봉우리 중 가장 높은 봉우리이자, 지구에서 가장 높은 곳이기에 극점이라고 불리는 에베레스트는 그만큼 올라서기 힘든 곳이었습니다.

　사람들은 박영석 대장의 모습을 보며 그가 산으로 가는 것을 그 무엇도 막을 수 없으리라는 것을 깨달았습니다.

신의 눈높이 에베레스트를 꿈꾸다

박영석 대장은 1993년에 세 번째로 에베레스트에 도전했습니다. 이때에도 목표는 수직으로 2,500미터나 되는 남서벽이었습니다. 그러나 역시 남서벽은 쉽게 길을 내주지 않았습니다. 첫 번째 도전에서 죽음의 문턱까지 다녀왔던 박영석 대장은 남서벽의 구석구석까지 누구보다도 잘 알고 있었지만, 산은 살아 있는 것처럼 계속 모습을 바꾸었고 눈과 바람을 몰고 왔습니다.

이런 와중에도 박영석 대장은 5캠프를 지나 8,500미터 지점까지 진출할 수 있었습니다. 하지만 갑자기 불어 닥친 강풍과 눈보라 탓에 다시 4캠프로 후퇴해야만 했습니다. 여러 가닥의 로프 중 하나를 골라 체중을 싣고 내려가길 얼마 후, 갑자기 발밑의 바위가 빠지며 박영석 대장은 허공에 매달리게 되었습니다.

'여기서 떨어지면 수직으로 2,000미터 아래인 2캠프까지 떨어진다. 그러면 내 몸도 산산조각이 날 거야. 제발 바위에 로프를 고정해 둔 하켄이 무사하기를.'

바위 틈새에 망치로 박아 넣어 못 역할을 하는 '하켄' 하나에 박영석 대장의 생명이 달려있었습니다. 속으로 한 기도가 효력이 있었는지 다행히 몸이 로프에 걸리며 추락은 금세 멈추었습니다. 박영석 대장은 허공에 매달린 채 공포에 휩싸여 눈물을 흘렸습니다.

'살아야 한다. 살아야 다시 에베레스트를 오를 수 있다.'

몸을 추스르고 일어나 다시 한 발짝씩 움직인 끝에 무사히 안전지대까지 내려온 박영석 대

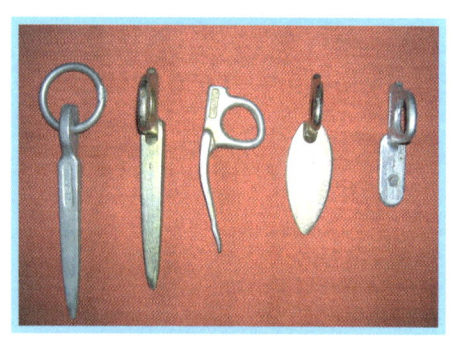
● 여러 가지 모양의 하켄

장은 베이스캠프에 있던 선배와 무전으로 상의했습니다. 이제 남서벽을 오르기 위한 시간과 장비가 부족하니 많은 사람들이 가는 일반 루트(route: 길, 경로)로라도 정상에 가겠다고 제안했습니다.

"그래, 박영석 등반대장이 원한다면 그렇게 하도록 해라."

베이스캠프의 무전을 듣고 박영석 대장은 다시 루트를 바꿔 남동쪽에 있는 능선을 따라 오르기 시작했습니다. 이미 산소는 남서벽 등반에서 모두 사용해 버렸기에 박영석 대장의 배낭에는 식량과 물, 장갑 정도밖에는 들어 있지 않았습니다.

해발 8,000미터를 넘어서면 대기 중에 산소의 양이 평지의 3분의 1밖에 되지 않기 때문에 사람을 비롯한 모든 동물은 살 수가 없습니다.

산소가 부족하면 혈액 순환이 느려져 동상에 걸리기 쉽고, 뇌나 폐의 혈관이 막혀 죽음에 이를 수도 있습니다. 그렇기 때문에 대부분의 산악인들은 산소통을 메고 정상에 오릅니다. 산소 없이 에베레스트에 오른다는 건 마치 숨을 참고 깊은 바다 속으로 들어가는 것과도 같습니다.

1978년 이탈리아 산악인 라인홀트 메스너가 처음으로 산소통 없이 에베레스트의 정상에 올랐지만 이후로도 그와 같은 시도를 한 사람은 몇 되지 않습니다.

　산소통 없이 정상으로 향했던 박영석 대장은 드디어 1993년 5월 16일 에베레스트 정상에 설 수 있었습니다. 그때까지 아시아에서는 셰르파들조차도 시도하지 않았던 '에베레스트 무산소 등정'을 박영석 대장이 해낸 것입니다.

　하지만 이런 기쁨 뒤에 슬픔도 기다리고 있었습니다. 함께 에베레스트 정상으로 향하던 안진섭 대원이 정상을 눈앞에 둔 곳에서 탈진으로 추락하고, 남원우 대원은 남서벽에 대한 미련을 버리지 못하고 혼자서 등반을 시도하다 추락한 것입니다.

　두 대원을 가슴에 품고 돌아오며 박영석 대장은 결심했습니다.

　'언젠가는 에베레스트 남서벽을 꼭 오르고 말리라. 너희의 이름을 걸고 에베레스트에 한국인의 길, 코리안 루트를 개척하마.'

　친형제처럼 지내던 선후배들이 함께 산을 오르다 세상을 등졌는데도 박영석 대장이 산에 대한 도전을 멈추지 않는다는 건 쉽게 이해하기 어려운 일일지도 모릅니다. 그러나 우리가 오늘 아무리 슬프고 어려운 일이 있더라도 내일의 삶을 포기하지 않는 것과 같이, 박영석 대장에게 산을 오르는 일이란 곧 삶과도 같은 일이었기에 도전을 멈출 수 없는 것입니다.

● 에베레스트 남서벽에서 로프 훈련을 하는 박영석 대장

14좌를 넘어

에베레스트 등정 이후 박영석 대장은 본격적으로 8,000미터 봉 14좌 등정을 시작했습니다. 지구상에서 8,000미터가 넘는 봉우리는 24개가 있는데, 그중 독립적으로 솟아 따로 산으로 이름 붙여진 것은 14개입니다. 이 14개의 봉우리를 14좌라고 부릅니다. 세계 최초로 14좌를 모두 오른 사람은 이탈리아의 산악인 라인홀트 메스너입니다. 1986년 라인홀트가 그 전부를 오르자 사람들은 그를 '철인'이라고 불렀습니다. 산악인들에게 14좌 등정은 그 정도로 어려운 목표이자 동시에 존경할 수밖에 없는 성과입니다.

사실 처음부터 박영석 대장이 14좌를 모두 오르고자 한 것은 아니었습니다. 박영석 대장은 이미 라인홀트 메스너 이후 일곱 명이나 14좌를 올랐기 때문에 그것은 '새로운 탐험'이 아니라고 생각했습니다. 그저 산에 오르는 것이 좋아 기회가 생길 때마다 히말라야로 향했을 뿐입니다.

그러나 박영석 대장이 원정을 떠나기 위해 협조해줄 사람을 만나러 갈 때마다 사람들은 물었습니다.

"대장님은 8,000미터급 봉을 몇 개나 올라갔습니까? 몇 미터까지 올라가 보았습니까?"

박영석 대장은 탐험을 위한 돈을 마련하기 위해 자신이 살던 집까지 팔았습니다. 그래도 모자랄 때는 여기저기서 돈을 빌렸습니다. 그렇게 떠난 원정에서 돌아오면 박 대장은 빚쟁이였습니다.

사람들은 높은 산의 정상에 서는 산악인의 모습을 보며 가슴 깊이 감동을 받습니다. 마치 42.195킬로미터를 뛴 끝에 땀을 흘리며 결승점에 들어오는 마라톤 선수를 보는 것처럼 코끝이 찡해집니다. 내가 직접 뛸 수는 없지만, 그 선수를 통해 느끼는 감

정은 경기를 보는 사람들을 하나로 만들고, 그 속에서 사람들은 용기를 얻습니다.

그렇기 때문에 산악인이 산을 오르는 것은 여러 사람을 이롭게 하는 면이 있습니다. 그러나 산을 오르는 일은 스포츠와는 또 다른 면이 있습니다. 스포츠 경기가 '기록과 결과의 싸움'이라면 산을 오르는 일은 단지 정상에 서는 것보다 한발 한발을 내딛는 '과정'에 모든 의미가 담겨 있습니다. 하지만 대부분의 사람들은 기록을 중요하게 생각했습니다. 기록을 세워야 등반에 필요한 돈을 마련할 수 있었습니다.

"그래, 세상이 원하는 게 높이와 개수라면 이 열네 개 봉우리를 내가 전부 올라주마."

그렇게 다짐한 박영석 대장은 본격적으로 기록을 위한 등반을 시작합니다. 박영석 대장이 14개의 봉우리를 모두 오르는 데는 8년 2개월이 걸렸습니다. 라인홀트 메스너가 16년이 걸렸던 것에 비해 절반이고 지금까지도 전무후무한 세계 최단 기록을 세운 것입니다. 등반에 가장 속도가 붙었던 1997년과 1998년 사이에는 6개의 8,000미터급 봉우리를 연속으로 올라 이듬해

기네스북에 실리기도 했습니다.

　처음 히말라야 등반을 시작할 때부터 소수 정예의 원정대를 고집했던 박영석 대장의 이런 등반 방식은 대규모 원정대를 꾸리기 힘든 주머니 사정도 있었지만, 산에 많은 흔적을 남기는 대규모 원정대에 비해 훨씬 친환경적인 등반이기도 했습니다.

　물론 이렇게 빨리 오른다고 해서 매번 등반에 성공한 것은 아닙니다. 처음 에베레스트부터 시작해 14좌에 모두 오르기까지 박영석 대장은 30번이나 8,000미터 봉에 도전했습니다. 그중 14번을 올랐으니, 확률로 치면 절반도 안 되는 성공인 셈입니다.

　14번의 기쁨을 누리기에 앞서 16번의 아픔을 견뎌야 했던 박영석 대장. 그는 실패는 했지만 포기하진 않았습니다. 실패할 때마다 자신이 왜 실패했는지 알기 위해 더욱더 극한의 도전을 했고, 다음 번 원정등반에서는 이를 토대로 모자란 부분을 보충해 정상에 설 수 있었습니다.

　2001년, 파키스탄에 있는 세계에서 2번째로 높은 K2봉 등반을 마지막으로 박영석 대장은 아시아 최초, 세계 8번째로 14좌 모두의 정상에 선 사나이가 되었습니다. 한국으로 돌아오니 박영석 대장은 이제 유명인이 되어 있었습니다. 그를 인터뷰하기 위해 나온 기자는 이렇게 물었습니다.

"이제 14좌를 모두 올랐으니 더 이상 오를 산이 없겠군요?"

하지만 박영석 대장의 대답은 달랐습니다.

"14좌는 제 마지막 목표가 아니었습니다. 더 오르고 탐험할 곳들은 무궁무진합니다. 세상의 주인은 따로 없습니다. 바로 도전하는 사람이 주인입니다."

1%의 가능성만 있으면 된다

　박영석 대장은 힘든 탐험을 할 때마다 사람들에게 여러 명언을 남겼습니다. 그중 가장 많이 알려진 것은 '1퍼센트의 가능성'이라는 말입니다. 박영석 대장은 불가능해 보이는 산과 극지로 떠나기에 앞서 "그곳에 99퍼센트의 불가능이 있더라도 난 1퍼센트의 가능성만 있다면 도전하겠다"고 말했습니다. 시도해 보지도 않고 걱정만을 앞세웠던 사람들을 모두 침묵하게 만드는 말이었습니다.

　그 1퍼센트의 가능성이 가장 극명하게 입증된 것이 북극점 탐험입니다. 우리나라에서는 아무도 가보지 않은 북극점 탐험에

앞서 박영석 대장은 꼼꼼하게 준비를 해 나갔습니다. 북극은 끝없이 펼쳐진 빙원과 얼음판이 부닥치면서 파도처럼 솟아오른 거대한 난빙대, 얼음이 갈라지며 깊이를 알 수 없이 벌어진 무시무시한 틈 등 엄청난 위험이 도사리고 있는 곳이었습니다.

박영석 대장은 북극점을 향해 얼음길을 1,000킬로미터나 걸어가야 하기에 영하 60도에서도 깨지지 않는 소재로 특수 썰매를 만들었습니다. 그 썰매를 자유자재로 다룰 수 있어야 탐험을 성공할 수 있다고 판단한 박영석 대장은 대원들과 경기도 양평의 산음휴양림에 펼쳐진 눈밭과 강원도 홍천강의 얼음판에서 훈련을 했습니다. 한 사람당 150킬로그램에 달하는 무게를 끌어야 하는 것도 문제였지만, 만일 대원 한 사람이 얼음에 갇히거나 빠졌을 경우 어떻게 구조하고 어떻게 살아 나오느냐 하는 것을 해결하는 게 더 큰 문제였습니다.

바다에 빠진 것을 가정해 홍천강에서 물을 건너는 연습을 한 끝에 박영석 대장은 몸에 물이 튈 경우 바로 동상에 걸릴 위험이 있다는 것을 알아냈으며, 눈밭에서 썰매를 끌 때에도 로프가 눈에 젖으면 힘이 더 많이 든다는 것을 깨달았습니다. 책상 앞

에서 지도만 보고서는 절대로 알아낼 수 없는, 수많은 훈련에서 발견한 1퍼센트의 가능성이었습니다.

  2003년 2월, 박영석 대장은 북극점까지 걸어서 도착하는 탐험에 도전했습니다. 남극은 사계절 얼어붙어 있는 대륙인데 비해 북극은 여름철에는 유빙이 떠다니는 바다로 변하기 때문에 겨울철에만 걸어서 갈 수 있습니다.

  그러나 첫 북극 탐험은 실패로 돌아갔습니다. 얼음이 거대한 파도처럼 얼어붙은 난빙지대를 돌파하는 것이 쉽지 않았습니다. 여기에 계절이 차츰 봄으로 바뀌며 낮 동안에는 더운 조류의 영향으로 얼음들이 녹기 시작해 깊은 틈새인 '리드'가 수없이 입을 벌리곤 했습니다. 목숨을 걸어야 할 정도로 위험한 상황이 계속됐습니다. 또 밤이 되면 영하 60도를 넘나드는 추위가 몰려와 모든 것을 얼어붙게 만들었습니다.

  가장 큰 문제는 둥둥 떠다니는 얼음 위를 걸어야 한다는 점이었습니다. 어떨 땐 하루 종일 걸어도 얼음이 조류에 밀려가는 속도가 더 빨라 결국 종일 걸은 것이 헛일이 된 적도 많았습니다. 두 달 간의 힘든 탐험 끝에 식량이 바닥나고 대원들의 체력

도 떨어져 박영석 대장은 북위 86도 30분 지점을 마지막으로 다음을 기약하며 돌아와야 했습니다.

그러나 박영석 대장은 조금도 실망하지 않았습니다.

"지금은 비록 실패해서 돌아가지만, 이 실패로 인해 영원한 성공이 내게 있을 것이다."

박영석 대장이 이끈 탐험대의 온몸과 모든 장비를 얼어붙게 만드는 북극의 추위였지만, 단 하나 얼리지 못한 것이 있다면 바로 박영석 대장의 열정이었습니다.

세계 최초 산악 그랜드 슬램 달성

박영석 대장은 북극에서의 경험을 바탕으로 이번엔 남극점에 도전했습니다. '지옥이 있다면 아마 북극일 것'이라고 말했던 박영석 대장에게 남극은 오히려 평화로운 대륙이었습니다.

지구의 남반구에 있는 남극은 우리의 계절과는 정 반대라서 1월이 가장 따뜻하고 7월이면 엄청난 추위가 찾아옵니다. 따뜻하다고 해봐야 영하 30~40도지만, 그래도 겨울보다는 덜 추운 여름에 남극을 탐험하는 게 낫습니다. 남극의 겨울은 영하 90도에 가까워 히말라야와는 비교할 수 없는, 인간의 한계를 넘어서는 환경입니다.

박영석 대장은 2004년 1월, 허리에 썰매를 매달고 스키로 남극대륙을 가로질러 남극점에 도착했습니다. 썰매에는 텐트와 식량, 연료 등 각종 장비가 실려 무게가 200킬로그램이나 되었지만 얼음이 울퉁불퉁 튀어나온 북극에 비해 남극은 평평한 곳이 많았기에 비교적 어렵지 않게 끌고 갈 수 있었습니다.

　남극점에는 미국의 기지와 함께 남극점을 표시하는 둥근 조형물이 서 있었습니다. 남극은 초창기에 탐험을 시작했던 영국과 미국, 러시아 등 12개 나라들이 남극조약을 만들어 어느 나라도 소유하거나 함부로 개발하지 못하도록 약속을 한 땅입니다.

　남극에는 천연가스 등 지하자원이 풍부하고 지구 탄생의 비밀을 밝힐 수 있는 각종 정보들이 숨어 있기 때문에 많은 나라들이 남극에 진출하기를 바라고 있지만, 실상 몇몇 강대국을 제외하곤 남극 대륙에서 영향력을 지니고 있지 못합니다. 비교적 뒤늦은 1986년 남극조약에 가맹하고 1988년 처음으로 남극을

● 남극점의 모습

탐험한 우리나라는 대륙이 아닌 주변부의 킹 조지 섬에 과학 연구소인 세종기지를 세웠습니다.

남극점을 밟은 박영석 대장에게 이제 남은 것은 북극뿐이었습니다. 앞서 말한 라인홀트 메스너도 산악 그랜드 슬램 중 북극점만을 남겨두고 돌아서야 했었습니다. 그만큼 어려운 곳이 바로 북극점 탐험입니다.

남극이 평평한 땅 위에 빙하와 얼음이 얼어붙어 있는 것이라면, 북극은 겨울에는 절반 정도가 얼어붙고 한여름에는 커다란 얼음이 둥둥 떠다니기 때문에 더욱 탐험이 어렵습니다. 북극에 남극과 같은 탐험 기지가 생기지 못하는 이유도 이 때문입니다.

박영석 대장은 첫 시도보다는 조금 시기를 늦춰 2005년 3월 다시 북극점 탐험을 시작했습니다. 날씨는 한겨울에 비해 다소 풀렸지만 리드의 넓이가 60미터나 되는 곳이 있을 정도로 벌어져 또 다른 어려움이 생겨났습니다. 하지만 박영석 대장은 물에 썰매를 배처럼 띄우고 건너는 방법을 생각해냈습니다. 두 차례나 극지에서 보낸 경험을 살려 어려운 고비들을 지혜롭게 넘겼습니다.

4월 30일, 위성위치확인장치(GPS)를 들고 박영석 대장은 천천히 걸었습니다.

'89.98, 89.99, 90.00…….'

기계가 북위 90도를 정확히 가리키자 박영석 대장은 괴성을 질렀습니다.

"아악! 여기가 북극점이다!"

100킬로그램이 넘는 장비를 끌며 자그마치 1,500킬로미터를 걸어온 것입니다. 그동안 고생했던 날들이 눈앞에 스쳐가며 눈물이 흘러내렸지만 이내 얼어붙어 눈썹엔 고드름이 주렁주렁 달렸습니다.

"이제, 이 지옥 같은 북극에 다시 오지 않아도 된다!"

박영석 대장이 기뻐했던 건 '세계 최초 탐험가 그랜드 슬램'이라는 위대한 타이틀보다도 또 하나의 탐험이 끝났다는 기쁨이었습니다. 박영석 대장에게 중요한 건 남들의 시선이 아니라 자신과의 약속이었던 것입니다.

지식의 창고

에베레스트를 처음 오른 사람은?

에베레스트는 19세기 중엽까지만 해도 '피크 15'라는 이름으로만 알려져 있었습니다. 그러던 중 1852년 당시 영국 식민지였던 인도의 측량국 직원 앤드루 워가 이 산의 높이를 8,840미터로 발표하며 세계 최고봉으로 인정받게 되었습니다. 에베레스트라는 이름은 전임 측량국장 조지 에버리스트 경의 이름을 딴 것으로, 이후에도 많은 사람들이 이 산을 에베레스트라고 불렀습니다.

에베레스트에 대한 도전은 20세기 초반부터 있었습니다. 영국은 1907년 처음 에베레스트 등반 계획을 세우고 1차 세계대전이 끝난 뒤인 1921년 첫 번째 원정대를 파견했습니다. 1953년까지 영국은 6차례나 등반대를 파견, 원정을 시도한 끝에 존 헌트 대장 일행이 등반에 성공해 드디어 세계 최고봉의 정상에 처음으로 선 나라가 되었습니다.

영국 에베레스트 원정대는 많은 일화를 낳았습니다. 1924년,

히말라야로 떠나는 조지 말로리를 보고 한 신문기자가 "왜 에베레스트에 가려고 하는가?"라고 묻자 말로리는 "산이 거기에 있기에(Because it is there)"라는 대답을 남깁니다. 하지만 말로리는 8,400미터 지점에서 실종돼 그가 정상에 갔는지는 영원한 미스터리로 남게 됩니다. 말로리의 시신은 1999년에야 탐사대에 의해 발견됐습니다.

현지인들은 서양 사람들이 에베레스트라 이름 짓기 전부터 다른 이름으로 이 세계 최고봉을 불러왔습니다. 네팔에서는 이 산을 우주의 어머니라는 뜻의 '사가르마타'라고 불렀고, 티베트에서는 대지의 여신이라는 뜻의 '초모랑마'라고 불렀습니다. 이 두 이름이 세상 사람들에게 알려지게 된 건 훨씬 나중의 일입니다.

최근 최첨단 GPS 측량을 통해 에베레스트의 높이가 기존의 측량보다 10미터 높은 8,850미터임이 사람들에게 새롭게 알려졌습니다.

다시 한번 여신의 산에 도전하다

세계 최초의 위업인 산악 그랜드 슬램을 달성한 박영석 대장을 보며, 주위에서는 이제 탐험을 그만할 때가 되지 않았냐는 이야기를 하곤 했습니다. 그럴 때마다 박영석 대장은 이렇게 말했습니다.

"동물원에 갇힌 호랑이가 호랑이라고 할 수 있습니까? 산에 가지 않는 산악인을 산악인이라고 말할 수 있습니까?"

박영석 대장은 어느덧 탐험가로는 나이가 많다고 할 수 있는 40대 중반을 넘어서고 있었고, 그전과 같이 어렵게 돈을 마련하지 않아도 여기저기서 들어오는 강연 요청만으로도 충분히 가

족들을 돌볼 수 있는 여건이 되었습니다. 하지만 박영석 대장은 어느 한 곳에서도 강연을 통해 돈을 벌어본 적이 없었고, 기업의 광고모델로 출연한 적도 없었습니다. 여전히 그의 머릿속엔 새로운 탐험만이 있었습니다.

'이제 내가 진정 해보고 싶었던 탐험을 해야겠다.'

박영석 대장이 계획한 것은 에베레스트를 북쪽에서 남쪽으로 횡단하는 것이었습니다. 에베레스트는 네팔과 중국의 국경에 걸쳐 있는 산인데, 각각 남쪽과 북쪽에 오르는 길이 있고 정상에서 만나게 되어 있습니다.

일반적으로 히말라야 같은 높은 산을 등반할 때는 안전을 위해 올라간 길로 다시 내려오기 마련입니다. 오르면서 썼던 캠프의 텐트며 고정로프를 그대로 사용할 수 있기 때문입니다. 하지만 박영석 대장은 남북의 두 길을 이어 히말라야 산을 넘는 새로운 시도를 하고자 했습니다.

그때까지 에베레스트 횡단등반은 일본과 네팔, 중국 합동 원정대가 60명이나 되는 대규모로 팀을 이루어 성공한 적이 있고, 우리나라의 허영호 대원이 조난 위기에 처해 넘어온 것 말고는

없었습니다. 에베레스트와 같이 높은 산은 매년 눈과 얼음의 생김새가 달라지기 때문에 여러 번 올라본 사람이더라도 늘 새로운 길을 가는 것과 마찬가지입니다. 때문에 상황이 어떤지 알 수 없는 반대편으로 내려간다는 것은 큰 모험입니다.

이미 네 번의 에베레스트 원정 경험이 있던 박영석 대장은 소규모로 팀을 꾸렸습니다. 티베트 쪽 북릉~북동릉 루트를 올라 에베레스트 정상에 설 때까지는 모든 것이 순조로웠습니다.

박영석 대장은 정상에 오를 때 방송국 카메라를 들고 올라갔습니다. 그래서 전 국민이 에베레스트산의 정상을 안방에서 생생하게 볼 수 있었습니다. 박영석 대장은 정상에서 난치병 어린이를 돕기 위한 플래카드를 꺼내 들고 영상을 찍었습니다.

셰르파 한 명과 함께 네팔 쪽 남동릉으로 산을 내려오기 시작한 박영석 대장은 정상 바로 아래 부분에 있는 '힐러리 스텝'이라는 절벽에서 위기를 맞았습니다. 앞서서 절벽을 내려오던 중 발에 로프가 걸리며 거꾸로 대롱대롱 매달려버린 것입니다.

"이런, 초보적인 실수를 하다니!"

다른 사람 같으면 8,800미터가 넘는 그곳에서 박쥐처럼 매달

리게 된 상황이 곧 죽음을 의미하는 일이었을 테지만, 박영석 대장은 침착하게 생각했습니다.

'산소가 희박해지고, 계속 이렇게 있다가는 나도 죽을 수 있다. 자, 한 번에 있는 힘을 다해 로프를 잡고 일어나보자!'

박영석 대장은 젖 먹던 힘을 다해 윗몸을 튕겨 일으켜 로프를 부둥켜 잡았습니다. 다행히 하늘이 도운 것인지 로프는 든든히 손아귀에 걸렸고, 몸을 바로잡아 발에 엉킨 로프를 풀고 하산을 시작할 수 있었습니다.

그러나 난관은 이게 전부가 아니었습니다. 얼마 지나지 않아 이번에는 셰르파가 겁에 질려 내려가기를 주저한 것입니다.

"바라사브(네팔말로 대장님), 우리는 살아서 내려갈 수 있을까요?"

"하하, 걱정 마. 나는 이 길을 수도 없이 와봤어. 나만 믿고 따라온다면 우리 둘 모두 안전하게 집으로 돌아갈 수 있다."

셰르파를 설득한 끝에 에베레스트 남쪽 코스의 마지막 캠프인 4캠프에 도착할 수 있었습니다.

다시 카트만두로 내려온 박영석 대장을 네팔 정부에서도 매

우 환영하였고 만찬을 베풀어 주었습니다. 단일팀으로는 세계 최초로 이룬 에베레스트 횡단등반을 축하하며 네팔 정부는 박영석 대장에게 인증서를 선사했습니다.

원정은 성공적으로 끝났지만 박영석 대장이 생각하고 있던 것은 또 다른 것이었습니다. 지난날 에베레스트를 무산소로 오를 때 산에 묻었던 두 후배, 그들과 약속한 '에베레스트 남서벽 코리안 신 루트 개척'에 대한 도전입니다.

'그래, 이 정도면 남서벽에 다시 도전할 수 있겠어.'

횡단등반은 어쩌면 박영석 대장이 에베레스트 남서벽으로 가기 위한 훈련이었는지도 모릅니다.

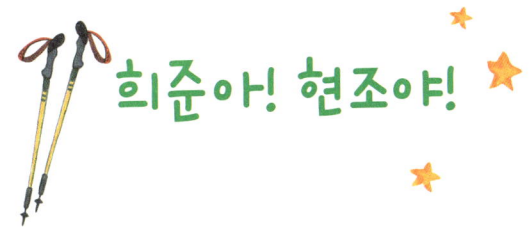

희준아! 현조야!

　2007년 봄, 박영석 대장은 다시 원정대를 꾸려 에베레스트로 왔습니다. 후배들과 약속했던 코리안 신 루트를 개척하기 위해서였습니다.

　8,000미터가 넘는 높은 산에서 새로운 길을 뚫고 오른다는 것은 여간한 실력과 행운이 따르지 않으면 불가능한 일입니다. 우리나라는 그때까지 2002년 한국도로공사 산악회의 원정대가 시샤팡마(해발 8,027미터) 남벽에 신 루트를 개척한 것 말고는 한 번도 8,000미터 이상 산에서 새로운 길을 개척해 오른 적이 없었습니다. 이렇듯 신 루트로 오르는 것은 어렵기 때문에 그만큼

큰 의미와 가치를 지니고 있습니다.

산악인들은 '길이 끝나는 곳에서 등산이 시작된다'는 말을 합니다. 아무도 가지 않은 길을 가려고 도전하는 것이 곧 등산이라는 말입니다. 하지만 신 루트를 개척해 오른다고 해서 주변에 있는 산처럼 등산로를 만드는 것은 아닙니다. 단지 누구도 간 적 없는 길로 오를 뿐, 환경보호를 위해 산에는 아무런 흔적도 남기지 않습니다.

몇 년 만에 다시 마주한 남서벽은 여전히 높았고 무서운 위압감을 뿜어내고 있었습니다. 거기에 신 루트를 낸다는 것은 불가능에 가까워 보였지만 박영석 대장은 어느 때보다도 자신감에 차 있었습니다. 바로 가장 듬직한 후배 오희준 대원과 이현조 대원이 있었기 때문입니다.

이미 오희준 대원은 8,000미터급 봉우리 10개를 오른 베테랑이었고, 박영석 대장과는 남·북극점까지 함께 밟아 서로의 마음을 친형제보다도 더 잘 알고 있는 사이었습니다. 이현조 대원은 8,000미터급 봉우리 5개를 올라 경험은 두 사람보다 적었지만 벽으로는 세계에서 가장 높은 파키스탄의 낭가파르바트 루

팔벽(4500미터)을 오른 날렵한 산악인이었습니다.

　이 두 사람 모두 서울에서부터 박영석 대장과 한집에 살았습니다. 뉴질랜드에 가 있는 박영석 대장의 가족들보다도 더 가까운 사이였기에 박영석 대장이 에베레스트 남서벽 신 루트 이야기를 꺼냈을 때 참가하겠다는 뜻도 가장 먼저 밝혔습니다.

　"대장님이 이끈다면 반드시 성공할 겁니다!"

　"그래, 너희들이 있어 든든하구나."

　이미 남서벽에서 두 차례의 뼈아픈 경험을 했기에 박영석 대장은 어느 때보다도 신중하게 등반로를 탐색했습니다. 에베레스트 남서벽은 1975년 영국 원정대가 처음 오른 후, 1981년 러시아 원정대가 오른 것 말고는 새로운 길이 뚫린 적이 없었습니다.

　망원경으로 찬찬히 길을 살피던 박영석 대장은 벽의 가장 왼쪽을 따라 올라 서쪽 능선과 만나는 루트를 등반로로 계획하고 본격적인 등반을 시작했습니다. 등반은 각각 팀을 나누어 오희준, 이현조 대원이 한 팀, 박영석 대장과 이형모 대원이 한 팀으로 움직이기로 했습니다.

　팀을 나누는 이유는 체력을 아끼고 속도를 높이기 위해서입니다. 4명이 움직이는 것보다 2명이 오르는 것이 속도가 빠르고, 또 한 조가 오르는 동안 다른 조는 쉬며 체력을 보충할 수 있어 대부분의 히말라야 등반은 이렇게 합니다.

등반은 순조롭게 진행되었습니다. 오희준, 이현조 두 대원의 노련한 실력으로 어려운 지점을 돌파한 끝에 8,400미터 지점에 5캠프를 설치했습니다. 이제 모두가 고대하던 에베레스트 남서벽 코리안 루트는 눈앞에 있는 듯 했습니다. 그러나 에베레스트는 새로운 길을 또 다시 거부하는 듯 했습니다. 날씨가 갑자기 눈보라가 몰아치는 악천후로 바뀐 것입니다.

"대장님! 눈이 너무 많이 옵니다. 후퇴해야 할 것 같습니다!"

"그래, 안전이 가장 중요하다. 신속하게 탈출하도록 해라."

오희준, 이현조 대원이 5캠프에서 정상까지의 마지막 루트 개척 작업을 하고 있을 때, 갑자기 쏟아지는 눈으로 더 이상의 등반이 어려워지게 되었습니다. 남서벽이 잘 보이는 2캠프까지 올라와 있던 박영석 대장은 두 대원의 안전을 염려해 4캠프로 하산하도록 지시했고, 오희준, 이현조 대원은 장비를 챙겨 내려갔습니다.

7,800미터 지점 4캠프에 도착한 두 사람은 잠시 휴식을 하려고 텐트 속으로 들어갔지만 계속 쏟아지는 폭설에 이마저도 여의치 않다고 판단해 보다 안전한 곳까지 더 내려가기로 했습니다.

"대장님, 4캠프도 위험해지는 것 같습니다. 하산을 시작하겠습니다."

그때였습니다. 박영석 대장의 무전기 너머로 엄청난 폭발음이 들려왔습니다.

콰쾅!

박영석 대장은 직감했습니다.

'눈사태다!'

눈사태가 일어나면 순간적으로 주변의 공기를 밀어내며 매우 큰 폭발음이 생깁니다. 박영석 대장은 두 대원의 안전이 걱정되어 뜬눈으로 밤을 지새웠지만 줄곧 휘몰아치는 눈보라 때문에 오희준, 이현조 대원과 무전 연결이 되지 않았습니다.

날이 밝아 하늘이 개이고 망원경으로 남서벽을 쳐다보자, 그 자리에 있어야 할 4캠프의 모습이 보이지 않았습니다. 흔적도 없이 텐트가 사라진 것이었습니다. 남은 대원들과 셰르파들을

4장 한국인의 길을 만들다

모아 허겁지겁 장비를 꾸려 벽 앞에 다가가 살피던 중, 박영석 대장의 눈에 들어온 건 흘러내린 눈더미 속에 파묻혀 있는 찢겨진 배낭과 텐트였습니다. 오희준, 이현조 대원은 눈사태에 휩쓸려 약 2,000미터를 추락해 남서벽 아래 크레바스 속으로 떨어진 것이었습니다.

"희준아, 현조야, 이게 무슨 날벼락이냐……."

박영석 대장은 치밀어 오르는 슬픔을 참을 수 없었습니다. 그토록 다정했던 두 동생을 잃은 슬픔은 어느 것으로도 대신할 수 없는 것이었습니다.

'에베레스트 남서벽아, 어찌 이렇게 나에게 시련을 준단 말이냐…….'

슬픔을 견딜 수 없어 머리카락을 모두 삭발한 박영석 대장은 두 대원의 영정사진을 들고 인천공항으로 귀국하며 끝없는 눈물을 흘렸습니다.

사랑하기 벅찬 산이여!

　가족 같던 두 후배가 없는 빈자리는 너무나도 큰 것이었습니다. 박영석 대장은 이제 아무것도 할 수 없을 것 같았습니다. 사람을 만나는 것도, 산을 쳐다보는 것도 싫었습니다. 지금까지 숱한 위기를 넘겨가며 탐험의 끈을 놓지 않았던 결과가 결국 사랑하는 후배를 잃는 것이었던가 하는 생각에 박영석 대장은 산이 밉고 야속하기만 했습니다.

　박영석 대장은 몇 달을 방 안에만 틀어박혀 시름에 가득 찬 생활을 했습니다. 이제 모든 것을 내려놓고 산을 떠나야겠다는 생각이 들었습니다. 그 전에 박영석 대장은 두 후배를 기억할

만한 일을 해야 한다고 생각해 에베레스트가 잘 보이는 길목인 네팔 탕보체 마을을 찾아갔습니다. 오희준, 이현조 대원을 기리는 비석을 세우기 위해서였습니다.

'산을 사랑하여 산이 된 두 후배들이여…….'

박영석 대장이 두 대원의 추모비를 만들러 간다고 하자 만화가 허영만 화백을 비롯해 평소 세 사람과 친하게 지내던 사람들이 31명이나 박 대장의 뒤를 따랐습니다.

네팔 라마불교 사원이 있는 탕보체 마을의 언덕에서 에베레스트를 올려다보며 박 대장은 생각했습니다.

'그래, 내가 여기에서 멈추면 안 된다. 처음에 했던 약속, 안진섭, 남원우 그리고 오희준, 이현조 이 후배들의 희생을 헛되이 해서는 절대 안 된다. 내가 기필코 너희들과의 약속을 지키리라!'

다시 에베레스트 앞에 서서 마음을 추스른 박영석 대장은 남서벽 원정대를 꾸리기에 앞서 먼저 중국의 낮은 산에서 훈련을 하기로 했습니다. 새롭게 모인 대원들은 높은 산에 올라본 경험

이 그다지 많지 않았기에, 8,000미터가 넘는 산을 오르기에 앞서 낮은 곳에서 경험을 쌓기로 한 것입니다. 이렇게 낮은 곳부터 차츰 적응 훈련을 하고 가면 산소가 부족한 상황에서 발생하는 '고산병'을 예방할 수 있기 때문에 매우 중요합니다.

대원들과 중국 쓰촨성의 아직 사람의 발길이 한 번도 미치지 않은 6,000미터급 봉우리를 찾아 훈련에 들어갔습니다. 등정에 성공한 박영석 대장은 그때까지 이름이 없던 그 산에 '희조 피크'라는 이름을 붙였습니다. 오희준과 이현조라는 이름에서 한 글자씩을 따온 것입니다.

'이제 이 산을 오르며 사람들은 너희의 이름을 기억하게 될 것이다. 희준아, 현조야.'

바닥까지 떨어졌던 박영석 대장의 마음은 조금씩 다시 높은 산으로 올라오고 있었습니다.

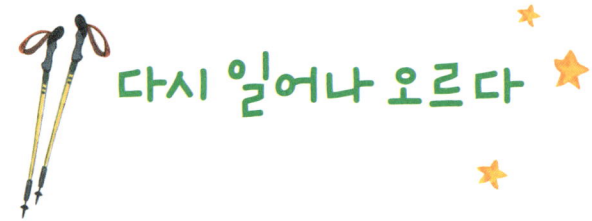

다시 일어나 오르다

2008년 9월, 1년 6개월여 만에 박영석 대장은 다시 에베레스트 남서벽을 찾았습니다.

물론 히말라야는 어느 길로 오르건 엄청난 위험이 도사리고 있고 노련한 기술과 뛰어난 체력이 필요하지만, 언제나 남이 가지 않은 길, 누구도 밟아보지 않은 곳을 가길 원했던 박영석 대장은 늘 마음 한구석이 비어있는 듯 느꼈습니다. 에베레스트 남서벽에 한국인의 새로운 길을 개척하기란 어쩌면 그런 박영석 대장에게 가장 어울리는 등반이었습니다.

그러나 두 번째 남서벽 신 루트 도전 또한 만만치 않은 것이었습니다. 9월 16일 베이스캠프에 도착한 원정대는 20일에 1캠프, 23일에 2캠프를 건설하고 곧바로 남서벽으로 향했습니다. 2캠프까지는 일반적인 길을 따라 갔습니다. 2캠프에서는 남서벽이 바로 올려다 보이기 때문에 이곳은 전진 기지와도 같은 역할을 하게 됩니다. 대원들과 힘을 모아 5캠프까지 구축한 후 박영석 대장은 때를 기다렸습니다.

'그래, 며칠만 날씨가 개이면 바로 정상으로 향하자.'

그러나 하늘은 또 한 번 박영석 대장의 앞을 가로막았습니다. 이튿날부터 엄청난 바람이 불기 시작한 것입니다. 남서벽 위의 캠프에 올라가 있던 대원들로부터 다급한 무전이 들려왔습니다.

"대장님, 텐트가 모두 무너지고 있습니다!"

"그래, 일단 안전한 곳까지 서둘러 내려와라!"

박영석 대장은 또 다시 사고가 일어나면 안 된다는 생각에 대원들을 먼저 안전한 곳으로 대피시켰습니다. 다행히 아무도 다치지 않고 폭풍을 피할 수 있었지만, 바람이 잦아들고 난 뒤 캠프의 모습은 처참했습니다. 베이스캠프와 1캠프를 제외하고 2캠프부터 5캠프까지 모두 바람과 눈에 무너져버린 것입니다.

"다시! 처음부터 다시 시작하자!"

대원들은 그동안의 고생이 모두 헛수고로 돌아가자 무엇부터 다시 시작해야 할지 난감했지만, 박영석 대장의 지시로 무너진 텐트를 일으켜 세우고 그나마 상태가 나은 몇몇 텐트를 모아 2캠프부터 다시 새롭게 건설하기 시작했습니다.

'하늘이시여, 조금만 더 시간을 주소서……'

등반 기간이 길어져서 대원들은 차츰 지쳐가고 있었지만, 있는 힘을 다해 폭풍과 낙석을 뚫고 조금씩 위로 전진했습니다. 그러나 이미 히말라야에는 겨울이 시작되어 무서운 '제트기류'가 불기 시작했습니다. 단 며칠간만 날씨가 좋으면 정상에 도전하려고 했는데, 결국 또 한 번 불어온 폭풍으로 베이스캠프까지 모든 텐트들이 파괴되어 박영석 대장은 그 꿈을 다시 미루어야 했습니다.

'야속한 에베레스트여……, 하지만 난 반드시 다시 돌아오겠다!'

엄청난 눈폭풍 속에서도 한 사람의 대원도 다치지 않고 돌아온 걸 위안으로 삼으며 박영석 대장은 발길을 돌렸습니다. 그러

나 이 원정에서 얻은 것도 있었습니다. 신동민, 강기석이라는 두 후배를 발굴한 것입니다. 원정기간 내내 궂은일을 도맡아하며 등반했던 두 대원을 보며 박영석 대장은 오희준, 이현조 대원의 뒤를 잇는 차세대 산악인이 될 것이라고 생각했습니다.

코리안 루트를 개척하다

에베레스트 남서벽 코리안 신 루트 개척에 대한 도전은 끝나지 않았습니다. 박영석 대장은 2009년 봄, 다시 그곳을 향했습니다. 세 번째 도전이었습니다. 박영석 대장에게 실패는 두려운 것이 아니었습니다. 오히려 어설픈 포기보다는 바닥까지 떨어져보는 실패가 더 낫다고 박영석 대장은 늘 생각했습니다. 그는 이렇게 말하곤 했습니다.

"끝까지 떨어져 바닥을 쳐 보아야 내가 왜 실패를 했는지 이유를 알 수 있습니다. 그것을 온몸으로 느껴야 다음엔 똑같은 실수를 반복하지 않습니다. 실패는 내게 성공의 어머니입니다."

이번 도전 역시 박영석 대장과 늘 함께해온 두 후배 신동민, 강기석 대원이 참가했습니다. 이미 한 차례 에베레스트 남서벽 등반을 시도해본 그들이었기에 베이스캠프에 도착하기 전부터 손발이 척척 맞아떨어졌습니다.

　"자, 오늘은 누가 루트 개척 작업을 할까?"

　"아, 물론 제가……."

　"형은 어제도 힘들게 등반했잖아요. 오늘은 제가 갈래요."

　대원들은 누가 시키지 않아도 스스로 먼저 등반하겠다고 나설 만큼 에베레스트를 이제 제집 안방처럼 드나들고 있었습니다. 성공이 눈앞에 있는 것처럼 보였습니다.

　드디어 정상 등정을 앞둔 밤, 박영석 대장은 베이스캠프에 모든 대원을 불러 모아 회의를 열었습니다.

　"이제 내일이면 우리는 정상으로 향하게 된다. 먼저 신동민과 강기석 대원이 2캠프로 올라가 루트를 정비해라. 그리고 부대장과 나는 바로 뒤따라 오르기로 하자."

　"옙!"

　정상공격조는 4명으로 압축되었습니다. 사실 대원들은 모두

한 마음으로 자신들이 정상에 서기를 간절히 바랐습니다만 흔쾌히 박영석 대장의 의견을 받아들였습니다. 누가 정상에 서더라도 그 영광은 모두의 노력으로 이루어진 것이며, 에베레스트 코리안 신 루트는 한국에서 그들을 지켜보는 모든 국민들이 한 마음으로 오른 길이기 때문입니다.

5월 20일 자정, 마지막 5캠프에 있던 대원들은 어둠을 헤치고 텐트 문을 열고 나섰습니다. 쏟아질 듯 하늘의 별은 찬란했고 바람 한 점 불지 않는 고요한 날씨였습니다.

'그래, 이정도 날씨만 계속된다면……'

박영석 대장은 속으로 다짐하며 힘차게 절벽을 기어오르기 시작했습니다. 등에는 30킬로그램이 넘는 배낭이 있었고 먹을 거라곤 사탕 몇 개와 물 한 통뿐이었지만 이미 히말라야에서 단련된 그들에게 배낭의 무게와 배고픔은 문제가 되지 않았습니다.

가장 먼저 앞장선 신동민 대원은 괴력을 발휘하며 바위에 못처럼 생긴 하켄을 망치로 두들겨 박아 설치하고 한발 한발 앞으로 나갔습니다. 해뜨기 전, 서서히 동녘에서 여명이 밝아왔습니다. 기온은 영하 30도까지 내려갔지만 힘들게 계속 바위를 기어

오르는 그들의 등엔 땀이 흘러내렸습니다.

"헉헉…… 헉헉……."

해발 8,000미터를 넘어가면 산소량이 평지의 3분의 1밖에 되지 않습니다. 어떤 생물도 살아남을 수 없는 혹독한 조건이 펼쳐지는 것입니다. 대원들은 산소마스크를 썼지만 줄곧 몸을 격하게 움직이는 탓에 가쁜 숨을 몰아쉬어야 했습니다. 이제 정상까지는 10미터 남았습니다. 마지막 캠프를 나선 지 15시간 만에 박영석 대장과 대원들은 드디어 에베레스트의 정상에 도착했습니다.

박영석 대장은 색색의 티베트 불교 깃발인 타르초가 휘날리는 정상에서 가만히 무릎을 꿇었습니다. 그리고 품속에서 작은 사진을 꺼내어 눈 속에 묻었습니다. 박 대장과 함께 에베레스트를 오르다 산화한 안진섭, 남원우 그리고 오희준, 이현조 네 후배들의 사진이었습니다.

"진섭아, 원우야, 희준아, 현조야, 이제 너희들과의 약속을 지켰구나……."

웃고 있는 후배들의 사진 속 얼굴을 한참동안이나 바라보던

박영석 대장의 눈에는 굵은 눈물이 흘러내렸습니다. 8,000미터급 14좌를 넘어, 7대륙 최고봉을 모두 오르고, 에베레스트를 여덟 번이나 다시 찾은 끝에 드디어 오른 코리안 신 루트였던 것입니다.

'그래, 이제 8,000미터급 14좌를 나만의 방식으로 다시 오르자. 14좌 모두에 코리안 루트를 개척하는 거다!'

박영석 대장은 산을 내려오며 다시 다음 목표를 생각하기 시작했습니다.

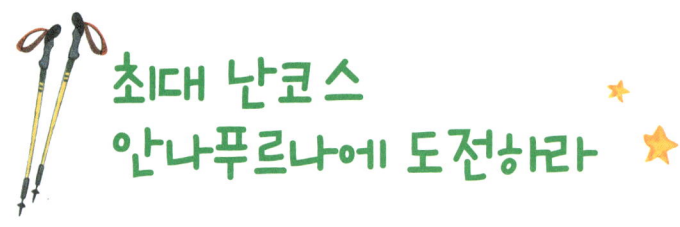

최대 난코스 안나푸르나에 도전하라

한 번 오르기도 힘든 8,000미터급 14좌를 전부 오르고도 그곳에 다시 가 새로운 코리안 루트를 14좌 모두에 개척하겠다는 계획은 자칫 무모해보이기까지 했습니다. 왜 그렇게 사서 고생을 하려 하는가, 이제 그만하면 됐으니 한발 물러나 다른 일들을 하라는 주변의 걱정 어린 시선에 대해서 박영석 대장은 이렇게 대답했습니다.

"이제 제가 직접 두 발로 산을 오를 수 있는 시간도 많이 남지 않았습니다. 기껏해야 두세 번 더 8,000미터 봉을 오르면 저도 나이가 들어 힘든 탐험은 못 하겠지요. 하지만 코리안 신 루트의 계획은 저에게서 그치는 것이 아닙니다. 훌륭한 후배 산악인들을 발굴하면 제 뒤를 이어 누군가가 8,000미터 14좌에 우리 대한민국의 이름을 새길 것입니다."

에베레스트 남서벽에서 돌아온 박영석 대장이 다음 목표로 생각한 산은 안나푸르나 남벽이었습니다. 높이는 8,091미터로 14좌 중 10번째이지만, 남벽은 높이만 2,000미터에 달하고 가파른 암벽과 빙벽으로 되어 있어 어느 곳보다도 등반이 어려운 곳입니다. 안나푸르나 남벽은 에베레스트 남서벽, 로체 남벽과 함께 '히말라야 3대 남벽'으로 불립니다.

박영석 대장은 세계 최고봉 에베레스트에 이어 안나푸르나 남벽에도 코리안 루트가 생긴다면 한국 산악인들의 위상을 더욱 더 세계에 떨칠 수 있을 것이라고 생각했습니다. 그렇게 되면 자신의 뒤를 이어 14좌 코리안 신 루트 개척의 계획을 이어 갈 후배들도 자연히 커갈 것이라고도 믿었습니다.

● 안나푸르나 남벽의 모습

2010년 가을, 박영석 대장은 원정대를 이끌고 안나푸르나 남벽 베이스캠프로 들어갔습니다. 예상했던 것처럼 남벽은 위협적으로 솟아 있었고 많은 어려움이 원정대를 기다리고 있었습니다.

유독 폭설이 많이 내린 그해, 대원들은 눈길을 뚫고 안나푸르나 남벽을 오르며 이곳저곳 새로운 길을 개척할 만한 가능성이 있는 곳들을 탐사했습니다. 눈이 너무 많이 와서 등정에 성공하지는 못했지만 코리안 신 루트를 개척할 수 있는 중요한 단서들을 수집할 수 있었습니다.

'좋아, 한 번에 성공하기는 처음부터 바라지 않았다. 이번 등반을 통해 부족한 점들을 배워 다시 도전하면 되는 거야.'

박영석 대장은 등반을 통해 배운 교훈들을 바탕으로 다시 그 거대한 벽에 새로운 자기만의 선을 긋기 시작했습니다.

"지금까지의 등반이 고정로프를 설치하고 캠프를 여러 개 건설하는 전통적인 '극지법'이었다면, 안나푸르나 남벽은 새로운 등반 방식인 '알파인 스타일'로 오르겠습니다. 빨리, 많이 오르는 것보다 어떻게 오르느냐가 더 중요합니다."

사람들은 박영석 대장이 내놓은 계획을 보며 입을 다물지 못했습니다. 알파인 스타일로 오르겠다는 말은 우리가 배낭을 메고 가볍게 북한산을 오르듯, 히말라야에서도 같은 방법으로 산을 오르겠다는 뜻이었기 때문입니다.

수많은 물자와 인력이 투입되는 고전적인 극지법 방식이 보다 안전하고 체력소모가 적은 반면, 알파인 스타일은 그야말로 모든 장비와 식량을 스스로 지고 오르며, 고정로프가 없기 때문에 한 번 올라가면 후퇴할 수 없는 배수의 진이라고도 할 수 있습니다.

지금까지 우리나라에서는 한 번도 알파인 스타일로 8,000미터급 봉우리를 오르려고 시도한 적이 없었을뿐더러 그 대상지가 안나푸르나 남벽이라고 하니 사람들은 놀랐던 것입니다.

불사조, 신의 품에 잠들다

   2011년 10월, 박영석 대장은 두 번째로 안나푸르나 남벽을 찾았습니다. 히말라야의 가을 날씨가 그렇듯, 베이스캠프 주변은 짙은 안개에 휩싸여 있었고 곧 눈이 쏟아질 듯 했습니다. 원정대는 단출했습니다. 함께 에베레스트 남서벽에 올랐던 신동민, 강기석 대원, 사진촬영을 맡은 이한구 대원, 그리고 막내로 처음 히말라야 등반에 참가한 김동영 대원까지 총 다섯뿐이었습니다.

   박영석 대장은 계획한 알파인 스타일 등반을 위해 소규모로 가볍게 원정대를 꾸렸습니다. 등반 경험이 풍부한 신동민 대원과 강기석 대원이 길을 개척하고, 이한구 대원과 김동영 대원이 뒤를 받쳐준다면 안나푸르나 남벽에도 이제 곧 코리안 신 루트가 생겨날 것이라고 믿었습니다.

"자, 오늘은 엄청난 선물을 준비했습니다. 짜잔~."

요리사로 일하기도 했던 신동민 대원이 내놓은 것은 작은 케이크였습니다. 이날은 바로 박영석 대장의 생일이었던 것입니다.

"녀석들……. 그래, 오늘은 마음껏 먹고 기운을 내서 안나푸르나 남벽을 오르자꾸나! 자, 먹고 싶은 거 있으면 모두 말만 해!"

박영석 대장도 요리에는 일가견이 있었기에 오늘만큼은 대원들을 위해 팔을 걷어붙이고 요리를 만들기 시작했습니다. 왁자지껄 텐트 안에서 나는 웃음소리가 떠날 줄 모르는 밤이었습니다.

드디어 정상으로 향하기로 한 날인 10월 17일, 박영석 대장과 신동민, 강기석 대원은 벽 앞에까지 다가가기 위해 아침 일찍 베이스캠프를 떠나 해발 5,670미터 지점의 임시 캠프에 도착했습니다. 이한구, 김동영 대원은 세 사람을 배웅하기 위해 이들을 뒤따랐습니다.

"자, 잠시 휴식을 하고 자정에 일어나 준비하고 출발하는 거다."

다음 날 새벽 2시 40분, 세 사람은 조용히 텐트 문을 열고 나섰습니다. 어두컴컴한 가운데 안나푸르나 남벽만이 달빛을 받아 빛나고 있었습니다.

"박영석 대장님, 동민아, 기석아. 안전하게 잘 다녀와~!"

이한구 대원과 김동영 대원은 어둠 속에서 희미한 헤드램프 불빛만을 남긴 채 멀어져 가는 세 사람의 뒷모습을 보며 계속 손을 흔들었습니다.

오후 6시, 무전기를 통해 들려온 박영석 대장의 목소리는 여느 때처럼 밝았습니다.

"엄청나게 날씨가 안 좋다. 6,300미터 지점에서 후퇴한다. 이제 두 번만 더 하강을 하면 된다. 대원들 모두 컨디션이 좋으니 걱정하지 마라."

하지만 돌아올 시간이 훌쩍 넘었는데도 세 사람은 나타나지 않았습니다. 다음 날에도, 그 다음 날에도 나타나지 않았습니

다. "내가 좀 늦었지?"라며 멋쩍은 웃음을 띠고 나타날 것 같던 박영석 대장의 모습은 보이지 않았습니다.

　박영석 대장과 신동민, 강기석 대원을 찾기 위해 모두 힘을 합쳤습니다. 한국에서는 베테랑 산악인들로 구성된 10명이 넘는 구조대가 급파되었고, 현지 셰르파들도 수색작업에 참가했습니다. 하지만 열흘간이나 수색작업을 펼쳤지만 아무런 흔적도 발견되지 않았습니다.

　에베레스트 남서벽에서 추락하고, 크레바스에 빠져서도 살아 돌아왔던 히말라야의 불사조 박영석 대장은 그렇게 영원히 산에 묻혔습니다. 아니, 사람들은 생각했습니다. 평생을 산과 함께 살아온 그가 곧 산이 되어버린 것이라고 말입니다.

함께 살아가기를 실천하다

박영석 대장은 탐험을 잠시 쉴 때를 이용해 자신의 재능을 기부하는 여러 가지 사회 공헌활동을 해왔습니다. 박영석 대장의 재능이라면 단연 산을 오르고 탐험을 하는 것이겠지요.

'약속, 나눔, 도전, 봉사'라는 뜻을 세우고 이어온 '희망찾기 등반대회'는 몸이 불편한 장애 어린이들과 함께 산을 오르며 그들도 할 수 있다는 자신감과 꿈을 심어주는 행사였습니다. 매년 꽃 피는 봄이 오면 네팔 히말라야로 탐험을 떠나기에 앞서 박영석 대장은 장애 어린이들의 손을 잡고 북한산과 도봉산을 올랐습니다. 여기엔 박영석 대장과 함께 산에 오르기 위해 수많은

봉사자들과 참가자들이 뒤따랐습니다.

박영석 대장은 참가자들에게 받은 참가비를 모아 매년 수천만 원을 장애 어린이들에게 장학금으로 기부했습니다. 박영석 대장의 도움으로 난치병을 치료하고 새로운 희망을 갖게 된 어린이들도 수없이 많습니다.

이뿐만이 아니었습니다. 2004년부터 매년 여름방학이면 박영석 대장은 부산에서 서울까지 걷는 국토대장정을 했습니다. 국토대장정은 대학생들이 주로 참가했는데, 한 달 동안 두 발로 걸으며 우리 국토의 소중함을 알고 자신의 의지를 다지고자 하는 행사였습니다.

후끈후끈한 아스팔트길을 따라 땀이 비 오듯 하는 속에서도 박영석 대장은 대학생들과 발걸음을 맞춰 함께 걸었습니다. 길가에 앉아 함께 식사를 하고, 학교 운동장에서 땀에 흠뻑 젖은 몸으로 야영을 하며 대학생 참가자들은 평생 잊지 못할 추억을 만들어 갔습니다. 박영석 대장은 이들이 곧 우리나라를 떠받들 젊은이가 되어 사회의 구석구석까지 뻗어갈 것이라고 생각했습니다.

박영석 대장의 탐험 자체가 바로 뜻 깊은 기부가 된 적도 있습니다. 2003년 첫 북극점 원정에 앞서 박영석 대장은 아주대학교 병원을 찾았습니다. 그곳엔 희귀병을 앓고 있던 최윤관 어린이가 입원해 있었습니다. 박영석 대장은 그곳에서 성금 증서를 전달했습니다. 자신이 북극점 탐험에서 1킬로미터를 전진할 때마다 후원사에서 5만 원씩의 기금을 적립해 최윤관 어린이의 치료비로 기부한다는 약속이었습니다. 북극점까지의 거리가 1천 킬로미터이니, 탐험에 성공한다면 치료비 5천만 원을 기부할 수 있었습니다. 박영석 대장은 매서운 바람과 추위를 견디며 북극점을 향해 걸었습니다. 자신의 한 걸음이 누군가에겐 생명의 희망이 되었기 때문입니다.

이어서 박영석 대장은 자신의 이름을 딴 '박영석 탐험문화재단'을 만들었습니다. 탐험문화재단은 자연과 인간을 사랑하는 기본정신으로 미래의 주역이 되는 청소년의 탐험 활동을 지원하고, 소외계층과 장애우들에게 희망의 불꽃을 지피기 위해 생겨났습니다.

박영석 대장은 재단을 통해 들어오는 수익금으로 앞선 두 활

동을 지원할 뿐 아니라 새로운 산악인을 발굴하는 일에도 앞장섰습니다. 자신이 히말라야 등반을 처음 떠나던 시절, 원정자금을 넉넉하게 마련하지 못해 궁핍함 속에서 어렵게 어렵게 정상에 섰던 것처럼, 젊은 후배 산악인들 또한 탐험을 하고 싶어도 돈이 없어 못하는 경우를 많이 보아왔기 때문입니다.

박영석 대장은 유능한 젊은 산악인들을 후원하고 미래 우리나라 산악계의 재목으로 키우기 위해 부단히 노력했습니다.

박영석 대장은 단지 산을 잘 오르는 사람이 아니었습니다. 국민 모두에게 도전이라는 것이 무엇인지 알려주고 감동을 주었습니다. 그리고 세상과 나누는 따뜻한 마음이 있었기에 지금도 많은 이들이 박영석 대장을 그리워하고 있는 것입니다.

박영석 대장을 그리워하는 이들은 2012년 8월 박영석 대장의 흔적을 찾으러 안나푸르나로 떠날 계획을 하고 있습니다. 그들은 박영석 대장의 시신을 찾으러 가는 것이 아니라 박영석 대장과 이별을 하러 그리고 영원히 가슴에 묻으러 떠나는 것입니다.

박영석 대장이 남긴 것

박영석 대장은 그의 마지막 탐험이 된 안나푸르나 남벽으로 떠나며 말했습니다.

"빨리, 많이 오르는 것보다 어떻게 오르느냐가 중요하다."

그리고 자신의 말에 대해 책임을 다하기 위해 부단히 노력했습니다. 비단 산뿐 아니라 이 말은 우리의 삶에 있어서도 큰 의미를 지니고 있습니다.

우리는 학교와 사회에서 늘 일등만을 중요하게 생각했습니다. 이번 시험에서 더 높은 점수를 받아 친구보다 우등생이 되어야지, 키가 크고 늘씬한 연예인들처럼 나도 '자체발광' 하는 미모를 가져야지, 좋은 학교에 진학하고 사회에서 출세해 부자로 살아야지…….

이런 결심들이 꼭 틀린 것이라고 볼 수는 없지만 그 속엔 빠진 것이 하나 있습니다. 바로 '어떻게' 라는 질문입니다. 우리는 집과 학교에서 항상 바르고 곧게 살라고 배웁니다. 하지만 이런 마음들을 잊는 경우가 있습니다. '최고'에만 집착한 나머지 '어

떻게'라는 질문을 빠뜨렸기 때문입니다.

　박영석 대장은 일등이 되기 위해 산에 오르고 극지에 도전한 것이 아니었습니다. 매번 자신이 처한 환경에서 최선을 다하고 넘어지고 부딪쳐도 다시 일어나는 오뚝이 같은 정신으로 묵묵히 자신의 길을 걸었을 뿐입니다.

　박영석 대장도 늘 새로운 방법, 새로운 시도에 대한 갈망이 있었습니다. 바로 '어떻게'에 대한 고민이었습니다. 산악인들 사이에서는 '고도보다는 태도'라는 말이 있습니다. 영어로 하면 고도를 뜻하는 앨티튜드(altitude)보다는 태도라는 뜻의 애티튜드(attitude)가 더 중요하다는 뜻입니다. 단 한 글자 차이지만 그 의미는 하늘과 땅 차이라고 할 만큼 큽니다. 박영석 대장도 수많은 산을 오르며 그 높이와 개수보다는 산을 오르는 태도, 즉 어떻게 오를 것인가를 더 고민했습니다.

　그 누구도 박영석 대장을 '최고의 탐험가'라고 부르는 것을 주저하지 않았지만, 정작 박영석 대장 자신은 한 번도 "나는 최고"라고 말한 적이 없습니다. 다만 평생을 '어떻게'에 대해 고민하며 탐험한 끝에 자신도 모르는 사이에 최고의 자리에 서게

된 것입니다.

여러분은 앞으로 무궁무진하게 펼쳐질 미래를 살아가게 될 것입니다. 그렇다면 30년 후에 자신은 어떤 곳에 있을까요? 아마 누구도 알지 못할 것입니다. 그러나 정작 자신이 어떤 곳에 있느냐보다, 그곳이 어떤 곳이건 그곳에 가기까지 '어떻게' 노력을 할 것인지 지금부터 천천히 생각해보는 게 훨씬 중요한 일이 아닐까요?

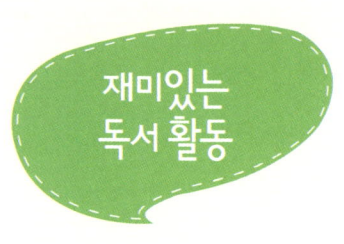

다음 글을 읽고 여러분의 생각을 정리해보세요.

인류 최초로 산악 그랜드 슬램을 달성한 산악인 박영석 대장은 언제부터 도전을 시작했냐고 묻는 질문에 "걸음마를 처음 떼는 순간이었다"고 말했습니다. 이렇듯 사람은 태어나는 순간부터 매 순간, 모든 것에 도전하며 살게 됩니다.

초등학교 입학식을 하고 학교에 등교하던 첫날이 기억나나요? 한 번도 가본 적이 없는 길을 따라 학교 정문에 들어섰을 때, 낯선 교실을 찾아가 본 적 없는 친구들과 만날 때, 여러분은 탐험을 하고 있던 것입니다.

그렇습니다. 탐험은 늘 우리 곁에 있으며, 우리는 또한 그 수많은 탐험 속에서 지식과 지혜를 배우고 성장하는 것입니다.

1 여러분이 해본 탐험에는 어떤 것이 있나요?

2 여러분은 탐험을 하면서 어떤 것을 느꼈나요?

3 탐험이란 우리 인류에게 어떤 도움을 주나요?

부모님께

이 문항은 아이들에게 삼단논법(A는 B다, B는 C다, 고로 A는 C다)을 이용하여 자신의 주장을 펼치도록 구성된 질문지입니다. 자신의 탐험 경험을 통해 탐험이 인류에게 어떤 도움을 주는지 결론을 낼 수 있도록 부모님이 지도해주세요.

예시답안

1. 난 아빠랑 집 뒤에 있는 봉산에 올라갔다. 산꼭대기까지 올라가본 적은 있지만 이번에는 다른 길을 따라서 가보았다. 내가 앞장서서 걸어보니까 새로운 곳을 탐험한다는 생각이 들었다.

2. 봉산은 예전에 불을 피워서 신호를 주고받는 봉화대가 있던 곳이라 봉산이라고 불린다는 것을 알았다. 그리고 샛길로 걸으니까 노란색 꽃들이 아주 많이 피어 있어서 예뻤다.

3. 탐험은 우리에게 알지 못했던 새로운 일들을 알려준다. 새로운 곳에 많이 가볼수록 우리는 새로운 것을 많이 알게 된다.